ANGERS. — MPRIMERIE A. BURDIN ET Cie, RUE GARNIER, 4.

BIBLIOTHÈQUE NATIONALE

DÉPARTEMENT DES MANUSCRITS

CATALOGUE SOMMAIRE

DES

MANUSCRITS SANSCRITS ET PĀLIS

PAR

A. CABATON

Ancien membre de l'École française d'Extrême-Orient,
Chargé de cours à l'École des Langues orientales vivantes.

2e FASCICULE. — MANUSCRITS PĀLIS

PARIS
ERNEST LEROUX, ÉDITEUR
28, RUE BONAPARTE, VIe

1908

CATALOGUE SOMMAIRE

DES

MANUSCRITS SANSCRITS

ET PĀLIS

DE LA BIBLIOTHÈQUE NATIONALE

BIBLIOTHÈQUE NATIONALE

DÉPARTEMENT DES MANUSCRITS

CATALOGUE SOMMAIRE

DES

MANUSCRITS SANSCRITS

ET PĀLIS

PAR

A. CABATON

Ancien membre de l'École française d'Extrême-Orient,
Chargé de cours à l'École des Langues orientales vivantes.

2e FASCICULE. — MANUSCRITS PĀLIS

PARIS
ERNEST LEROUX, ÉDITEUR
28, RUE BONAPARTE, VIe

1908

CATALOGUE SOMMAIRE

DES

MANUSCRITS PĀLIS

DE LA

BIBLIOTHÈQUE NATIONALE

1

Pārājika.

Une section du *Suttavibhaṅga.*

XVIIIe siècle. Écriture singhalaise. 144 olles de 555 × 60 mm., 9 l., 60 à 80 akṣ. (Grimblot 1.)

2

Pārājika.

XVIIIe siècle. Écriture birmane. 222 olles de 490 × 55 mm., 9 l., 50 à 60 akṣ. (Grimblot 2.)

3

Pārājika.

1862. Écriture birmane. 154 olles de 485 × 55 mm., 10 l., 45 à 55 akṣ. (Collection Bigandet.)

4

Pārājika.

Manquent les olles 29-55.

1790. Écriture birmane. 154 olles de 510 × 70 mm., 10 l., 35 à 45 akṣ. (Burnouf 132.)

5

Pācittiya.

XIXe siècle ? Écriture singhalaise. 98 olles de 550 × 60 mm., 9 l., 45 à 60 akṣ. (Grimblot 3.)

6

I. *Pācittiya.*
II. *Bhikkhunī-vibhanga.*

1861. Écriture birmane. 58 et 113 olles de 485 × 50 mm., 10 l., 45 à 55 akṣ.

7

Pācittiya.

Fragment du *Pācittiya*, avec traduction birmane. — Lacune de 11 feuillets.

XVIIIe siècle. Écriture birmane. 16 olles de 520 × 65 mm., 9 l., 40 à 50 akṣ. (Burnouf 134 *bis*.)

8

Pātimokkha.

I. *Bhikkhupātimokkha*, fol. 1-12; II. *Bhikkhunīpātimokkha*, fol. 13-19.

1862. Écriture birmane. 33 olles (dont 14 blanches) de 490 × 55 mm., 40 à 50 akṣ. (Collection Bigandet.)

9

Pātimokkha.

XVIIIe siècle. Écriture singhalaise. 25 olles de 630 × 60 mm., 9 l., 40 à 50 akṣ. (Burnouf 151.)

10

Pātimokkha.

XVIIIe siècle. Écriture mul. Bande de papier de 6 mètres 630 × 35 mm., repliée sur elle-même en forme de paravent et présentant 27 plis ou

54 pages (35 pages seulement sont écrites). 5 l., 25 à 35 akṣ. (Missions étrangères.)

11

Pātimokkha.

Le *Bhikkhupātimokkha*, accompagné d'une glose en singhalais.

XVIIIe siècle. Écriture singhalaise. 69 olles de 315 × 60 mm., 25 à 35 akṣ. (Grimblot 4.)

12

Pātimokkha.

Le ms. s'arrête au milieu du 53e des 70 *sekhiyā dhammā*, 8e section du *Bhikkhupātimokkha*. — Glose en petite écriture crteṅ.

XVIIIe siècle. Écriture mul. 23 olles de 555 × 45 mm., 5 l., 35 à 45 akṣ. (Missions étrangères.)

13

Pātimokkha.

Le ms. s'arrête au commencement du 34e des 92 *Pācittiyā dhammā*, 6e section du *Bhikkhupātimokkha.*

XIXe siècle, début. Écriture mul. 33 olles de 340 × 50 mm., 5 l., 30 à 35 akṣ. (Missions étrangères.)

14

Pātimokkha.

Manquent les olles 1-8, 14, 24 et 33.

XVIIIe siècle? Écriture mul. 25 olles de 550 × 50 mm., 5 l., 40 à 50 akṣ

15

Kaṅkhāvitaraṇī.

Commentaire de Buddhaghosa sur le *Bhikkhunīpātimokkha.*

1856. Écriture birmane. 16 olles de 485 × 55 mm., 11 l., 25 à 30 akṣ. (Grimblot 5.)

16

Pātimokkhanissāya.

Texte, traduction birmane et commentaire du *Pātimokkha.*

1835. Écriture birmane. 70 olles de 515 × 70 mm., 10 l., 35 à 45 akṣ.

17

Mahāvaggo.

4e livre du *Vinaya-piṭaka.*

XVIIIe siècle. Écriture singhalaise. 205 olles de 530 × 65 mm., 9 l., 40 à 60 akṣ. (Grimblot 6.)

18

Mahāvaggo.

XIXe siècle. Écriture birmane. 205 olles de 475 55 mm., 10 l., 45 à 55 akṣ. (Collection Bigandet.)

19

Mahāvaggo.

Fragment. — Début : *Bodhirukkhamūle... Bhagavā.* — Manquent les olles 8, 9, 10, 15, 35.

XVIIIe siècle? Écriture birmane. 29 olles de 510 × 50 mm., 8 l., 35 à 45 akṣ. (Ancien fonds.)

20

Cūlavaggo.

XIXe siècle. Écriture singhalaise. 211 olles de 565 × 60 mm., 8 l., 60 à 70 akṣ.

21

Cūlavaggo.

XVIIIe siècle. Écriture birmane. 334 olles de 500 × 50 mm., 7 l., 40 à 50 akṣ. (Grimblot 9.)

22

Cūlavaggo.

1861. Écriture birmane. 208 olles de 485 × 55 mm., 10 l., 40 à 50 akṣ. (Collection Bigandet.)

23

Parivāro.

1861. Écriture birmane. 143 olles de 485 × 50 mm., 35 à 45 akṣ. (Collection Bigandet.)

24

Kammavāca.

XIXe siècle. Écriture birmane carrée. 10 olles vernies, dorées, ornementées, de 505 × 105 mm., 6 l., 15 à 20 akṣ. (Collection Bigandet.)

25

Kammavāca.

XVIIIe siècle. Écriture birmane carrée. 10 olles vernies, dorées, ornementées, de 540 × 95 mm., 5 l., 24 à 25 akṣ. (Ancien fonds.)

26

Kammavāca.

Manque l'olle 8.

XVIIIe siècle. Écriture birmane carrée. 15 olles vernies, dorées, ornementées, de 535 × 85 mm., 4 l., 24 à 25 akṣ. (Ancien fonds no 365).

27

Kammavāca.

Manque l'olle 6.

XVIIIe siècle ? Écriture birmane carrée. 14 olles vernies, dorées, ornementées, de 525 × 85 mm., 4 l., 18 à 20 akṣ. (Ancien fonds no 366.)

28

Kammavāca.

Incomplet.

XVIIIe siècle. Écriture birmane carrée. 8 olles vernies, dorées, ornementées, de 540 × 95 mm., 5 l., 14 à 15 akṣ. (Ancien fonds n° 367.)

29

Kammavāca.

XIXe siècle. Écriture singhalaise. 5 olles (dont 2 blanches) de 575 × 60 mm., 9 l., 45 à 50 akṣ. (Grimblot 10.)

30

Kammavāca.

Manquent les olles 1-6, 9-11.

XIIIe siècle. Écriture birmane carrée. 7 olles (sur 16), enduites d'un vernis rouge (caractères noirs), de 530 × 85 mm., 4 l., 25 akṣ. (Ancien fonds n° 368.)

31

Kammavāca.

Manquent les olles 1-7.

XVIIIe siècle. Écriture birmane carrée. 5 olles vernies et dorées de 525 × 85 mm., 5 l., 13 à 15 akṣ. (Ancien fonds n° 369.)

32

Kammavāca.

Fragment.

XVIIIe siècle? Écriture birmane carrée. 3 olles de 520 × 70 mm, 4 l. 25 akṣ. (Ancien fonds n° 370.)

33

Kammavāca.

Fragment.

XVIIIe siècle. Écriture birmane carrée. 2 olles de 520 × 95 mm., 5 l., 28 akṣ. (Ancien fonds n° 319.)

34

« Recueil de petits traités sur la discipline en pāli et en barman. Le 1er traité est le *Kammavātcha*, publié par Spiegel ». (Note de Burnouf.)

1835. Écriture birmane. 20 olles de 495 × 60 mm., 7 l., 40 à 45 akṣ. (Ancien fonds n° 318.)

35

Samantapāsādikā.

Commentaire de Buddhaghosa sur la première partie du *Sutta-vibhaṅga* (*Pārājikā-Nissaggiya*).

1835. Écriture birmane. 358 olles de 490 × 55 mm., 9 l., 40 à 50 akṣ. (Grimblot 11.)

36

Samantapāsādikā.

Ire partie. — Même ouvrage que le précédent.

XIXe siècle. Écriture birmane. 390 olles de 480 × 55 mm., 9 l., 40 à 50 akṣ. (Grimblot 12.)

37

Samantapāsādikā.

Parties II-V comprenant le commentaire des ouvrages suivants: II. *Pācitti*, *Bhikkhunī-vibhaṅga* et *Pātimokkha*; III. *Mahāvibhaṅga-vagga*; IV. *Cūlavagga*; V. *Parivāra.*

1788. Écriture birmane. 389 olles de 525 × 75 mm., 10 l., 35 à 40 akṣ. (Grimblot 13.)

38

Samantapāsādikā.

Ire partie.

XIXe siècle. Écriture singhalaise. 248 olles de 595 × 60 mm., 9 l., 50 à 70 akṣ. (Grimblot 14 *a*.)

39

Samantapāsādikā.

Parties II-V.

XIXe siècle. Écriture singhalaise. 247 olles (paginées 248-497) de 600 × 65 mm., 9 l., 50 à 65 akṣ. (Grimblot 14 *b*.)

40

Samantapāsādikā.

XVIIIe siècle. Écriture singhalaise. 132 olles de 605 × 60 mm., 10 l., 70 à 90 akṣ. (Burnouf 145.)

41

Pañcamasāmantapāsādikāṭīkā.

Parties I-V.

XVIIIe siècle. Écriture mul. 126 olles de 555 × 55 mm., 5 l., 50 à 65 akṣ.

42

Samantapāsādikā.

Ire partie : *Pārājikā aṭṭhakathā.* — Ms. en très mauvais état et incomplet, sans commencement ni fin.

XVIIIe siècle. Écriture birmane. 147 olles de 550 × 60 mm., 8 l., 40 à 50 akṣ. (Ancien fonds.)

43

Vajira-buddha-ṭīkā.

Ire partie d'un commentaire en deux volumes sur la *Samanta-*

pāsādikā, par Jotipāla (?), contemporain du roi de Ceylan Saṃghabodhi, et dont l'histoire est racontée à la fin de l'ouvrage.

XIXe siècle. Écriture singhalaise. 102 olles de 580 × 65 mm., 10 l., 65 à 75 akṣ. (Grimblot 15.)

44

Vajira-buddha-ṭīkā.

IIe partie.

XIXe siècle. Écriture singhalaise. 98 olles de 580 × 63 mm., 10 l., 65 à 75 akṣ. (Grimblot 15 *bis*.)

45

Sāratthadīpanī.

Partie du commentaire sur le *Samantapārādikā*.

Note de Burnouf : « *Sârârthadîpanî* ou éclaircissements du sens fondamental en pâli, avec un commentaire dans la même langue, ms. contenant une partie du *Saññuttasaṅghaya*, ou de la division nommée *Sutta*; ms. qui a appartenu au prêtre de *Tottagamuva* à Ceylan, et qui a environ 600 ans d'ancienneté. Le ms. a 208 feuillets ».

XIIIe siècle? Écriture singhalaise. 208 olles de 585 × 45 mm., 9 l., 70 à 80 akṣ. (Burnouf 149.)

46

Dīghanikāya.

Ier livre du *Suttapiṭaka*, renfermant trente-quatre *suttas*. Table des matières. — Burnouf a ajouté auprès du titre de chaque *sutta* le chiffre de la feuille à laquelle il correspond.

XVIIIe siècle. Écriture singhalaise. 202 olles de 700 × 60 mm., 9 l., 70 à 80 akṣ. (Burnouf 147.)

47

Dīghanikāya.

XIXe siècle. Écriture birmane. 281 olles de 485 × 65 mm., 11 l., 40 à 50 akṣ. (Collection Bigandet.)

48

Dīghanikāya.

XIXe siècle. Écriture singhalaise. 199 olles de 485 × 55 mm., 9 l., 50 à 65 akṣ. (Grimblot 16.)

49

Dīghanikāya.

XIXe siècle. Écriture singhalaise. 270 olles de 580 × 65 mm., 10 l., 55 à 70 akṣ. (Grimblot 17.)

50

I. *Cullasīla* (fragment).
II. *Sāmaññaphalasutta* (fragment).

XIXe siècle. Écriture mul. 14 olles de 545 × 55 mm., 5 l., 40 à 50 akṣ. (Missions étrangères.)

51

Siṅgālasutta, 8e *sutta* de la dernière section, ou *Pāṭikavaggo* du *Dīghanikāya*.

XIXe siècle. Écriture mul. 14 olles de 535 × 45 mm., 5 l., 45 à 55 akṣ. (Missions étrangères.)

52-54

Sumaṅgalavilāsinī.

Commentaire sur le *Dīghanikāya*, par Buddhaghosa, en 3 volumes : I. fol. 1-132. — II. fol. 133-278. — III. fol. 279-353.

XIXe siècle. Écriture singhalaise. 369 olles de 575 × 60 mm., 10 l., 50 à 70 akṣ. (Grimblot 19, 19 *bis*, 19 *ter*.)

55

Sumaṅgalavilāsinī.

Texte et commentaire du *Pāṭikavagga*, 1re et 3e parties.

1800? Écriture birmane. 202 olles de 490 × 60 mm., 8 l., 40 à 50 akṣ.

56

Pāṭikavagga.

3e section du *Dīghanikāya*, en pāli, avec traduction birmane et commentaire.

XIXe siècle. Écriture birmane. 243 olles de 500 × 60 mm., 9 l., 35 à 45 akṣ. (Ancien fonds n° 313.)

57

Brahmajālasutta.

Premier *sutta* du *Dīghanikāya*, en pāli, avec une paraphrase singhalaise.

XVIIIe siècle. Écriture singhalaise. 124 olles de 430 × 55 mm., 7 l., 35 à 45 akṣ. (Ancien fonds.)

58

Brahmajālasutta.

Pāli-siamois.

XIXe siècle. Écriture mul. 42 olles de 565 × 58 mm., 5 l., 40 à 60 akṣ.

59

Dīghanikāya.

Fragment de la 2e partie, comprenant la fin du *Nidāna* et la plus grande partie du *Nibbāna*.

La feuille de titre porte (en birman) : *Sut māhāvā ta kaṭhāpāt tutiyya tvai.*

XVIIIe siècle. Écriture birmane. 62 olles de 500 × 50 mm., 8 l., 40 à 45 akṣ.

60-62

Majjhimanikāya.

2e section du *Suttapiṭaka*, renfermant 152 *suttas*, divisé en trois *paṇṇāsa* « cinquantaines », en trois volumes :

I. (60.) *Mūlapaṇṇāsa* « Première cinquantaine ». — 173 olles.
II. (61.) *Majjhimapaṇṇāsa* « Cinquantaine intermédiaire ». — 180 olles.
III. (62.) *Uparipaṇṇāsā* « Cinquantaine supérieure ». — 165 olles.

XIXe siècle. Écriture birmane. 518 olles de 485 × 65 mm., 11 l., 40 à 45 akṣ. (Collection Bigandet.)

63-65

Majjhimanikāya.

En 3 volumes :
I. (63.) *Mūlapaṇṇāsa.* — 163 olles.
II. (64.) *Majjhimapaṇṇāsa.* — 168 olles.
III. (65.) *Uparipaṇṇāsa.* — 143 olles.
Au commencement du t. Ier se trouve une table des *suttas* et des *vaggas.*

XIXe siècle. Écriture singhalaise. 474 olles de 270 × 60 mm., 10 l., 40 à 60 akṣ. (Grimblot 21, 21 *bis* et 21 *ter.*)

66

Majjhimanikāya.

Manque toute la fin de la 2e partie : 6 *suttas* du 4e *vagga*, les 10 *suttas* du 5e; le premier *sutta* de la 3e partie, ainsi qu'une portion du 2e, soit 18 *suttas.*

XIXe siècle. Écriture singhalaise. 290 olles de 595 × 55 mm., 9 l., 55 à 75 akṣ. (Grimblot 22.)

67-68

Papañcasūdanī. Commentaire de Buddhaghosa sur le *Majjhimanikāya.*

En 2 volumes :
I. (67.) Commentaire de la 1re partie du *Majjhimanikāya.* — 286 olles.

II. (68.) Commentaire de la 2e et de la 3e partie du *Majjhimanikāya*. — 213 olles.

En marge de la première olle du t. Ier on lit : *Papañcasūdanīnāma-majjhimaikāya-aṭṭhakathā*.

XIXe siècle. Écriture singhalaise. 499 olles de 570 et 580 × 65 et 65 mm., 10 l., 55 à 75 akṣ. (Grimblot 23 et 23 *bis*.)

69

Aṅgulimālasuttam.

6e *sutta* du 4e *vagga* de la 2e partie (*Majjhimapaṇṇāsa*) du *Majjhimanikāya.*

XIXe siècle. Écriture singhalaise. 4 olles de 275 × 70 mm., 12 l., 30 à 45 akṣ.

70

Mahāsatipaṭṭhana.

XIXe siècle. Écriture birmane. 256 olles de 525 × 50 mm., 6 l., 30 à 50 akṣ.

71

Saṃyuttanikāya.

Les trois premières parties : *Sagâthavagga*, *Nidānavagga* et *Khandavagga.*

XIXe siècle. Écriture birmane. 272 olles de 490 × 65 mm., 10 l., 40 à 50 akṣ. (Collection Bigandet.)

72

Saṃyuttanikāya.

Les deux dernières parties (*Salāyatanavagga* et *Mahāvagga*).

XIXe siècle. Écriture birmane. 285 olles de 495 × 65 mm., 4 l., 40 à 50 akṣ. (Collection Bigandet.)

73

Nidānavagga.

2e partie du *Saṃyuttanikāya.* — Texte et commentaire.

XVIIIe siècle. Écriture singhalaise. 66 olles de 635 × 60 mm., 10 l., 60 à 80 akṣ. (Burnouf 146.)

74

Bojjhaṅgapāṭhaṭīkā. Commentaire sur le *Mahākassapa-sutta.*

XIXe siècle. Écriture mul. 29 olles de 540 × 55 mm., 4 à 5 l., 30 à 50 akṣ. (Missions étrangères.)

75

Bojjhaṅgapāṭhaṭīkā.

En 7 parties. — Le ms. débute par le *sutta* de *Mahākassapa.* — Quelques annotations en siamois.

XIXe siècle. Écriture mul. 30 olles de 540 × 50 mm., 5 l., 35 à 45 akṣ. (Missions étrangères.)

76

Bojjhaṅgapāṭhaṭīkā.

Ce ms., sans titre, répond page pour page et ligne pour ligne au précédent.

XIXe siècle. Écriture mul. 29 olles de 545 × 60 mm., 5 l., 35 à 45 akṣ. (Missions étrangères.)

77

Aṅguttaranikāya.

Les cinq premières parties.

1861. Écriture birmane. 307 olles de 485 × 65 mm., 11 l., 20 à 50 akṣ. (Collection Bigandet.)

78

Aṅguttaranikāya.

6e et 7e parties.

XIXe siècle. Écriture birmane. 119 olles de 475 × 60 mm., 45 à 55 akṣ. (Collection Bigandet.)

79

Aṅguttaranikāya.

Suite du volume précédent : 8e, 9e, 10e et 11e parties.

1799. Écriture birmane. 288 olles de 505 × 69 mm., 8 l., 30 à 50 akṣ. (Collection Bigandet.)

80-83

Aṅguttaranikāya.

4e section du *Suttapiṭaka*, contenant 9557 *suttas* répartis en onze divisions principales : I. (80). Les 3 premières parties de l'ouvrage, fol. 1-102. — II. (81). 4e et 5e parties, fol. 103-268. — III. (82). 6e, 7e et 8e parties, fol. 269-411. — IV. (83). 9e, 10e et 11e parties, fol. 412-549.

Cf. *Codices indici Bibliothecae regiae Havniensis...*, pp. 28-30.

XIXe siècle. Écriture singhalaise. 557 olles de 575 × 65 mm., 10 l., 60 à 80 akṣ. (Grimblot 24, 24 *bis*, 24 *ter* et 24 *quater*.)

84

Aṅguttaranikāya.

Fragment renfermant la seconde moitié environ du *Tikanipāta* et la première partie du *Catukkanipāta*, composé de neuf fascicules de 24 feuilles numérotés 1-9. Le texte des fascicules 6-9 précédant celui des fascicules 1-5, on a ajouté à l'encre des numéros qui rétablissent l'ordre convenable : 1 (6), 2 (7), 3 (8), 4 (9), 5 (1), 6 (2), 7 (3), 8 (4), 9 (5).

1870. Écriture mul. 276 olles de 540 × 55 mm., 5 l., 35 à 45 akṣ. (Missions étrangères.)

85

Aṅguttaranikāya.

Fragment composé de trois fascicules de même apparence que ceux du ms. 84, renfermant la fin du *Catukkha°* et le commencement du *Pañcakanipāta.*

1870. Écriture mul. 92 olles de 540 × 65 mm., 5 l., 35 à 45 akṣ. (Missions étrangères.)

86

Girimānandasutta.

Les lettres numérales indiquent que les feuilles dont ce *sutta* est formé viennent à la suite de 24 autres, qui manquent.

XVIIIe siècle. Écriture mul. 10 olles de 360 × 55 mm., 5 l., 25 à 35 akṣ. (Missions étrangères.)

87-89

Manorathapūraṇī.

Manorathapūraṇī, commentaire de Buddhaghosa sur l'*Aṅguttaranikāya.*

I (87). Commentaire de la 1re partie de l'*Anguttaranikāya*, fol. 1-128. II (88). — Commentaire des parties II, III et IV, fol. 129-295. — III (89). Commentaire des parties V-XI, fol. 296-332. — Quelques olles portent une numérotation européenne.

XVIIIe siècle. Écriture singhalaise. 419 olles (I. 130; II. 169; III. 120) de 580 × 64 mm., 10 l., 40 à 60 akṣ. (Grimblot n° 25, 25 *bis* et 25 *ter*.)

90

Anguttaradasanipāta.

10e section de l'*Aṅguttaranikāya*, accompagnée d'une traduction birmane.

1797. Écriture birmane. 330 olles de 490 × 55 mm., 9 l., 35 à 45 akṣ. (Ancien fonds n° 22.)

91

Khuddakanikāya.

5e section du *Suttapiṭaka.* — Ce ms. comprend les ouvrages suivants : 1. *Khuddakapāṭha*, 6 fol.; 2. *Dhammapada*, 17 fol.; 3. *Udānaṃ*, 49 fol.; 4. *Theragāthā*, 39 fol.; 5. *Therīgāthā*, 16 fol.; 6. *Itivuttakaṃ*, 29 fol.

XIXe siècle. Écriture birmane. 155 olles de 475 × 55 mm., 9 l., 50 à 60 akṣ. (Collection Bigandet.)

92

I. *Khuddakapāṭha*, partie du *Khuddakanikāya* (fol. 1-4).

II. *Paramatthajotikā*, commentaire de Buddhaghosa sur le *Khuddakapāṭha* (fol. 1-102).

XIXe siècle. Écriture singhalaise. 108 olles de 420 × 55 mm., 9 et 10 l., 50 à 60 akṣ. (Grimblot 26 et 27.)

93

Dhammapada.

Fragment, renfermant l'introduction et la plus grande partie du premier récit, s'arrêtant aux mots : *Kiñci akatvā idāni...* — Une feuille séparée porte un texte qui appartient au 2e récit.

XIXe siècle. Écriture mul. 14 olles de 545 × 45 mm., 5 l., 50 à 60 akṣ. (Missions étrangères.)

94

Dhammapada.

Même texte que le précédent finissant par les mêmes mots.

XIXe siècle. Écriture mul. 14 olles de 595 × 55 mm., 5 l., 50 à 60 akṣ. (Missions étrangères.)

95

Dhammapada.

Les deux premiers récits du premier *vagga* (*Yamaka*). — Nombreuses notes et corrections à l'encre.

1791. Écriture mul. 27 olles de 545 × 60 mm., 5 l., 50 à 60 akṣ. (Missions étrangères.)

96

Dhammapada.

Premier et deuxième récit. Le 2e récit s'arrête aux mots : *Evarūpaṃ sampattīpaṭi*... — Nombreuses corrections et annotations à l'encre.

XVIIIe siècle. Écriture mul. 25 olles de 460 × 50 mm., 5 l., 50 à 60 akṣ. (Missions étrangères.)

97

Dhammapada.

Trois fascicules renfermant les sept premiers récits du *Yamakavagga.*

XIXe siècle. Écriture mul. 72 olles de 545 × 55 mm., 5 l., 50 à 60 akṣ. (Missions étrangères.)

98

Dhammapada.

Fragment renfermant le 7e et le 8e récit du premier *vagga.* — Nombreuses notes à l'encre.

XIXe siècle. Écriture mul. 36 olles de 535 × 50 mm., 5 l., 40 à 50 akṣ. (Missions étrangères.)

99

Dhammapada.

Ce Ms., qui présente une lacune de 20 feuilles, commence et finit comme le no précédent. Il contient quelques lignes du 7e récit et le 8e récit tout entier du 1er *vagga.* — Notes à l'encre dans le texte et sur le verso des deux premières olles.

XVIIIe siècle. Écriture mul. 15 olles de 535 × 55 mm., 5 l., 50 à 60 akṣ. (Missions étrangères.)

100

Dhammapada.

Fascicule comprenant une partie du 7e récit, les récits 8e, 9e, 10e et 11e et le début du 12e récit du 1er *vagga.*

XVIIIe siècles. Écriture mul. 51 olles de 560 × 55 mm., 5 l., 40 à 50 akṣ. (Missions étrangères.)

101

Dhammapada.

Fin du 8e récit, les 9e, 10e et 11e récits et la plus grande partie du 12e. — Corrections et notes à l'encre.

XIXe siècle. Écriture mul. 30 olles de 535 × 50 mm., 5 l., 55 à 65 akṣ. (Missions étrangères.)

102

Dhammapada.

Même texte que le précédent. — La dernière feuille manque.

XVIIIe siècle? Écriture mul. 25 olles de 560 × 50 mm., 5 l., 45 à 55 akṣ. (Missions étrangères.)

103

Dhammapada.

Cahier renfermant les deux derniers récits du *Yamakavagga* et le commencement de l'*Appamādavagga* (2e chapitre). — Sur le premier feuillet, table des matières.

XVIIIe siècle? Écriture mul. 23 olles de 550 × 60 mm., 5 l., 40 à 50 akṣ. (Missions étrangères.)

104

Dhammapada.

Partie du 1er récit du 2e chapitre, commençant par : *āha* | *Idāninam amakasusānam netvā*... et finissant par : *Ito Anattha gacchāmāti* | *Buddha saraṇa gacchāmi* | *Dhamma saraṇa gacchāmi*..

XVIIIe siècle? Écriture mul. 31 olles, numérotées 121-145, de 530 × 50 mm., 5 l., 50 à 60 akṣ. (Missions étrangères.)

105

Dhammapada.

Partie du premier récit du 2e *vagga.* — A gauche du titre, table des matières.

XVIIIe siècle. Écriture mul. 30 olles, numérotées 121-144, de 540 × 50 mm., 5 l., 35 à 45 akṣ. (Missions étrangères.)

106

Dhammapada.

Le deuxième *vagga*, moins les deux premiers récits et une partie du troisième, et une partie du premier récit du troisième *Vagga*, finissant par ces mots : *Durakkhanti kiṭasambadhe kiṭṭha kadukatonam viya ekasmin sampāyā-rammane yeva duṭha.* — Notes à l'encre.

XIXe siècle. Écriture mul. 26 olles, numérotées 169-192, de 535 × 50 mm., 5 l., 40 à 50 akṣ. (Missions étrangères.)

107

Dhammapada.

Récits 3-9 du 3e *vagga.* — Une feuille, commençant par : *Viya hoti* et finissant par : *Nibbānapaccayo hotu*, n'appartient pas au cahier.

XVIIIe siècle? Écriture mul. 31 olles de 540 × 50 mm., 5 l., 50 à 60 akṣ.

108

Dhammapada.

Fragment d'un exemplaire du Commentaire du *Dhammapada*, composé de 7 fascicules (5-11) et renfermant la fin du 1er *vagga* (2 récits), le 2e et le 3e *vagga* tout entier, les six premiers récits du 4e.

XVIIIe siècle. Écriture mul. 200 olles (25 blanches; les autres pages 97-264) de 557 × 55 mm., 5 l., 50 à 60 akṣ. (Missions étrangères.)

109

Dhammapada.

Fascicules 4 à 10 du Commentaire du *Dhammapada*, renfermant les 7 derniers récits du 1er chapitre, le 2e et le 3e chapitre en entier, les 6 premiers récits du 4e chapitre. — Nombreuses corrections à l'encre.

XVIIIe siècle. Écriture mul. 213 olles de 545 × 50 mm., 5 l., 50 à 60 akṣ (Missions étrangères.)

110

Dhammapada.

Les dix premiers récits du 5e chapitres.

XVIIIe siècle. Écriture mul. 28 olles, paginées 337-362, de 545 × 45 mm., 5 l., 45 à 55 akṣ. (Missions étrangères.)

111

Dhammapada.

Deux fascicules (16 et 17) renfermant le dernier récit du 5e chapitre et les 7 premiers du 6e. — La fascicule 16 commence par la mention finale du 14e récit du 5e chapitre : *Cettagahapativatthu.* — Le fascicule 17 s'arrête aux mots : *Udakena maddhitrā makaci pilotikā.*

XIXe siècle. Écriture mul. 50 olles de 530 × 50 mm., 5 l., 50 à 60 akṣ (Missions étrangères.)

112

Dhammapada.

Fragment d'un exemplaire du Commentaire du *Dhammapada*, composé des fascicules 10 à 18 et renfermant le dernier récit du 3e *vagga*, le 4e et le 5e *vagga*, la première moitié du 6e *vagga* (7 récits).

XIXe siècle. Écriture mul. 256 olles de 538 × 52 mm., 5 l., 55 à 65 akṣ. (Missions étrangères.)

113

Dhammapada.

Fragment (fascicules 12-20) d'un exemplaire du Commentaire du *Dhammapada.* Ils renferment la fin du 4e chapitre (les 6 derniers récits) et les chapitres 5-8, en entier. — Table des matières, notes et corrections à l'encre.

XIXe siècle. Écriture mul. 285 olles de 542 × 50 mm., 5 l., 45 à 55 akṣ. (Missions étrangères.)

114

Dhammapada.

Deux fascicules. Fin du 7e *vagga* et le 8e *vagga* entier.

XIXe siècle. Écriture mul. 72 olles de 535 × 50 mm., 5 l., 45 à 55 akṣ. (Missions étrangères.)

115

Dhammapada, 23-26.

Quatre fascicules renfermant la plus grande partie du 9e *vagga*, le 10e et le 11e en entier, un fragment du 12e. — Table des matières sur chaque fascicule. — Notes et corrections à l'encre. — Au fascicule 25 est jointe la feuille de titre du cahier 28.

XIXe siècle. Écriture mul. 112 olles de 540 × 50 mm., 5 l., 70 à 75 akṣ. (Missions étrangères.)

116

Dhammapada.

Le 11e *vagga* et un fragment du 1er récit du 12e. — Un texte, autre que le *Mālikāvatthu*, distingué par un signe à l'encre, occupe environ deux folios.

XIXe siècle. Écriture mul. 28 olles de 540 × 50 mm., 5 l., 60 à 65 akṣ. (Missions étrangères.)

117

Dhammapada.

Fascicules 29 32 renfermant les chapitres suivants : 14e (moins le 1er récit et une partie du 2e), 15e, 16e et 17e (tout entiers), 18e (les 9 premiers récits, et une bonne partie du 10e).

XIXe siècle. Écriture mul. 116 olles, paginées 686-780, de 540×50 mm., 5 l., 45 à 55 akṣ. (Missions étrangères.)

118

Dhammapada.

Fascicules nos 34-37, renfermant les six derniers récits du 20e chapitre, les chapitres 21e, 22e et 23e en entier, les 7 premiers récits du 24e *vagga.* — Notes et corrections à l'encre.

XIXe siècle. Écriture mul. 105 olles, paginées 817-883 et 1-25, de 540×50 mm., 5 l, 45 à 55 akṣ. (Missions étrangères.)

119

Dhammapada.

Fragment renfermant le dernier récit du 23e chapitre et les deux premiers du 24e. — Début : *Attham hīti imam...* Fin : *Tatthanam duṭhagamini raño amacco lahundakati ambaro nāma.*

XIXe siècle. Écriture mul. 11 olles, paginées 781-792, de 565×55 mm., 5 l., 45 à 55 akṣ. (Missions étrangères.)

120

Dhammapada.

4 fascicules d'un exemplaire du *Dhammapada*, contenant les 11e et 12e récits du 24e chapitre; les 25e et 26e chapitres en totalité.

XIXe siècle. Écriture mul. 118 olles, paginées 883-1012, plus les olles de titre (4) et quelques olles blanches, de 544×50 mm., 5 l., 40 à 50 akṣ. (Missions étrangères.)

121

Dhammapada vivaranaṃ.

Commentaire du *Dhammapada*, par Buddhaghosa, en 6 fascicules n'ayant aucun rapport avec celui qui occupe les numéros précédents : c'est une explication qui suit le texte et en reproduit les divisions. — Quelques corrections à l'encre.

XIXe siècle. Écriture mul. 169 olles de 525×50 mm., 5 l., 60 à 70 akṣ. (Missions étrangères.)

122

Itivuttaka.

4e partie du *Khuddakanikāya.* — Texte et commentaire placés à la suite l'un de l'autre et séparés par des feuilles blanches.

1800. Écriture birmane. 225 olles de 485 × 50 mm., 9 l., 40 à 50 akṣ. (Grimblot nos 28 et 29.)

123

Khuddakanikāya (Parties du).

5e : *Suttanipāta*, 27 fol. ; 6e : *Vimānavatthu*, 42 fol. ; 7e : *Petavatthu*, 32 fol. ; 14e : *Buddhavaṃsa*, 38 fol.

1878. Écriture birmane. 156 olles de 520 × 60 mm., 9 l., 40 à 50 akṣ. (Collection Bigandet.)

124

Cariyāpiṭaka.

15e et dernière partie du *Khuddakanikāya.*

XIXe siècle. Écriture singhalaise. 12 olles de 420 × 55 mm., 10 l., 55 à 65 akṣ. (Grimblot no 44.)

125

Suttanipāta et *Parama-jotikā-aṭṭhakathā.*

Texte et commentaire du *Suttanipāta.* Même volume et pagination distincte. — Texte, fol. 1-41 ; Commentaire, fol. 1-226.

XIXe siècle. Écriture singhalaise. 270 olles de 535 × 65 mm., 10 l., 55 à 65 akṣ. (Grimblot nos 30-32.)

126

Suttanipāta et *Parama-jotikā-aṭṭhakathā.*

Même ouvrage que le précédent. — Texte, fol. 1-53. — Commentaire, fol. 1-316.

XIXe siècle. Écriture singhalaise. 371 olles de 450 × 55 mm., 8 l., 60 à 80 akṣ. (Grimblot nos 31-33.)

127

Vimānavatthu.

6e (ou 9e) division de *Khuddakanikāya.* — Le texte s'arrête au début du dernier feuillet.

XIXe siècle. Écriture singhalaise. 22 olles de 715 × 65 mm., 8 l., 40 à 110 akṣ. (Grimblot n° 34.)

128

Vimānavatthu-aṭṭhakathā.

Ms. composé de trois fragments : 1. Deux fascicules (2e et 3e) d'un commentaire du *Vimānavatthu* (*Vimāna* 6-16 du 1er *vagga* et 1er *Vimāna* du 2e *vagga*), fol. 25-72; 2. Commentaire des trois derniers *Vimāna*, fol. 244-306; 3. Fragment du *Saccasaṃyutta*, fol. 296-386.

Note de la main de Burnouf sur le dernier feuillet : « 89 feuilles, *Vimânavastu*, en pâli (Incomplet. — Acquis de W. Straker). 2 juin 1833 ».

XIXe siècle. Écriture mul. 90 olles de 550 × 45 mm., 8 l., 55 à 65 akṣ. (Burnouf n° 141.)

129

Petavatthu.

7e section du *Khuddakanikāya.*

XIXe siècle. Écriture singhalaise. 24 olles de 470 × 55 mm., 8 l., 50 à 60 akṣ. (Grimblot n° 35.)

130

Petavatthu et *Petavatthu-aṭṭhakathā.*

Texte (fol. 1-27) et Commentaire (fol. 33-134) de la 7e section du *Khuddakanikāya.* — Même volume et même pagination.

1796. Écriture birmane. 143 olles de 495 × 60 mm., 9 l., 20 à 60 akṣ. (Grimblot nos 36-37.)

131

Buddhavaṃsa et *Buddhavaṃsa-aṭṭhakathā.*

Texte du *Buddhavaṃsa* (fol. 1-23). — Commentaire par Buddhaghosa (fol. 1-112).

XIXe siècle. Écriture singhalaise. 135 olles de 570 × 65 mm., 10 l., 60 à 80 akṣ. (Grimblot nos 39 et 42.)

132

Buddhavaṃsa et *Buddhavaṃsa-aṭṭhakathā.*

1796. Écriture birmane. 242 olles de 500 × 57 mm., 8 l., 40 à 50 akṣ. (Grimblot nos 40 et 43.)

133

Buddhavaṃsa-aṭṭhakathā.

XVIIIe siècle. Écriture singhalaise. 175 olles de 540 × 50 mm., 8 l., 50 à 60 akṣ. (Grimblot no 41.)

134

Atthasālinī aṭṭhakathā.

Glose de Buddhaghosa sur le *Dhammasaṅgaṇi*, premier livre de l'*Abhidhammapiṭaka*. Texte pāli et traduction birmane. — Les premières feuilles manquent.

XVIIIe siècle. Écriture birmane. 269 olles de 495 × 60 mm., 9 l., 40 à 50 akṣ.

135

Jātaka.

10e section du *Khuddakanikāya*. — Cet exemplaire présente un assez grand nombre de variantes dans les titres des *Jātakas*.

XIXe siècle. Écriture birmane. 175 olles de 490 × 70 mm., 10 l., 55 à 65 akṣ. (Collection Bigandet.)

136

Jātaka.

XIXe siècle. Écriture singhalaise. 140 olles de 600 × 65 mm., 9 l., 60 à 70 akṣ. (Grimblot no 38.)

137

Jātaka. Ekanipāta nissāya (I).

Texte et commentaire des sept premiers *vaggas*. — Ce volume et les volumes qui suivent représentent la collection complète des *Jātakas*, c'est-à-dire des récits qui accompagnent le texte tel que le fournissent les deux numéros ci-dessus ; ces récits sont donnés intégralement en pāli et chaque mot pāli est rendu par son équivalent birman. C'est une traduction mot à mot, seulement l'ordre des mots pālis n'est pas toujours respecté, et ces mots sont souvent intervertis. Le texte intercalé dans le récit est donné tout entier en pāli, puis traduit en birman ; la traduction birmane est quelquefois accompagnée de sa glose.

XIXe siècle. Écriture birmane. 285 olles de 490 × 60 mm., 10 l., 20 à 50 akṣ. (Colonel Phayre.)

138

Jātaka. Ekanipāta nissāya (II).

Suite du ms. précédent et disposition identique. — Texte et commentaire des *vagga* 8-15. — Pāli-birman.

XIXe siècle. Écriture birmane. 177 olles de 490 × 60 mm., 10 l., 20 à 50 akṣ. (Colonel Phayre.)

139

Jātaka. Dukanipāta nissāya.

2e section du commentaire du *Jātaka*. — Suite des précédents et disposition identique. — Pāli-birman.

XIXe siècle. Écriture birmane. 294 olles de 490 × 60 mm., 10 l., 20 à 50 akṣ (Colonel Phayre.)

140

Jātaka. Tikanipāta, Catukanipāta nissāya.

Suite du précédent et même disposition. 3e section (*Tikanipāta*) et 4e section (*Catukanipāta*) du *Jātaka* formant deux fascicules distincts, sans division matérielle des *vagga*. — Pāli et birman.

XIXe siècle. Écriture birmane. 330 olles de 490 × 60 mm., 10 l., 45 à 55 akṣ. (Colonel Phayre.)

141

Jātaka. Pañca, chatta, satta nipāta nissāya.

Continuation des précédents et disposition semblable. 5e section (*Pañcanipāta*), 6e section (*Chattanipāta*), 7e section (*Sattanipāta*) du *Jātaka*, formant autant de fascicules distincts. — Pāli et birman.

XIXe siècle. Écriture birmane. 287 olles de 485 × 55 mm., 10 l., 30 à 50 akṣ. (Colonel Phayre.)

142

Jātaka. Aṭha, nava, dasa nipāta nissāya.

Suite du précédent. 8e section (*Aṭhanipāta*), 9e section (*Navanipāta*), 10e section (*Dasanipāta*) du *Jātaka*, formant autant de fascicules distincts. — Pāli et birman.

XIXe siècle. Écriture birmane. 274 olles de 490 × 60 mm., 10 l., 50 à 60 akṣ. (Colonel Phayre.)

143

Jātaka. Ekādasa, dvādasa, terasanipāta nissāya.

Suite des précédents et disposition analogue. 11e section (*Ekādasanipāta*), 12e section (*Dvādasanipāta*), 13e section (*Terasanipāta*) du *Jātaka*. — Pāli et birman.

XIXe siècle. Écriture birmane. 204 olles de 480 × 55 mm., 10 l., 20 à 50 akṣ. (Colonel Phayre.)

144

Jātaka. Pakiṇṇakanipāta nissāya.

Suite du précédent. 14e section (*Pakiṇṇakanipāta*) du *Jātaka*. — Pāli et birman.

XIXe siècle. Écriture birmane. 132 olles de 495 × 62 mm., 10 l., 50 à 60 akṣ. (Colonel Phayre.)

145

Jātaka. Visatinipāta-nissāya.

Continuation du précédent par le texte et la pagination. Les 14 récits qui composent ce ms. de la 15e section (*Visatinipāta*) du *Jātaka* sont divisés en 4 parties (1re, 10e récit ; 2e, 11e et 12e récits ; 3e, 13e récit ; 4e, 14e récit). — Les olles de ce no et du no 144, au lieu d'être vernies en rouge sur la tranche et de porter un titre laqué sur plaque d'ivoire, n'ont reçu aucune décoration et leur titre est simplement gravé au poinçon sur une feuille de palmier. A part ce détail matériel la collection est homogène. — Pāli et birman.

XIXe siècle. Écriture birmane. 178 olles de 505 × 60 mm., 10 l., 45 à 60 akṣ. (Colonel Phayre.)

146

Jātaka. Tiṃsanipāta nissāya.

Volume semblable aux précédents. 16e section (*Tiṃsanipāta*) du *Jātaka*. — A la fin un cahier de 37 feuilles et de 9 l. à la page, faisant suite par sa pagination au *Tiṃsanipāta*, intitulé : 550 *Jāt cañ mātikā*, est la table des *Jātakas*. — Pāli et birman.

XIXe siècle. Écriture birmane, 200 olles de 485 × 60 mm., 10 l., 45 à 55 akṣ. (Colonel Phayre.)

147

Jātaka. Cattālisa, paṇṇasa, saṭṭhi, sattati nipāta nissāya.

Volume semblable aux précédents et renfermant les 17e, 18e, 19e et 20e sections du *Jātaka*. — Pāli et birman.

XIXe siècle. Écriture birmane. 297 olles de 485 × 60 mm., 10 l., 45 à 55 akṣ. (Colonel Phayre.)

148

Jātaka. Asītinipāta nissāya.

Volume semblable aux précédents et renfermant la 21e section du Jātaka. Chacune des 4 parties de ce ms. contient un récit sauf la première qui en a deux. — Pāli et birman.

XIXe siècle. Écriture birmane. 289 olles de 490 × 60 mm., 10 l., 45 à 55 akṣ. (Colonel Phayre.)

149

Jātaka. Mahānipāta-nissāya (I).

Ms. semblable aux précédents. Commencement du *Mahānipāta*, dernière section du recueil des *Jātakas*, laquelle en renferme 10. Ce volume contient les 4 premiers de ces 10 *Jātakas* (*Temi, Janukkha, Suvaṇṇasāma, Nemi*), réunis sous une même pagination mais séparés matériellement les uns des autres par plusieurs olles collées ensemble. — Pāli et birman.

1850. Écriture birmane. 194 olles de 495 × 60 mm., 10 l., 40 à 60 akṣ. (Colonel Phayre.)

150

Jātaka. Mahānipātanissāya (II).

Les dix derniers *Jātakas* du *Mahānipāta* (suite) : le *Mahāummagga* (ou *Mahosadha*) et le *Bhūridatta*, qui composent ce volume, se suivent par la pagination et sont séparés par plusieurs olles collées ensemble. — Pāli et birman.

XIXe siècle. Écriture birmane. 288 olles de 495 × 55 mm., 10 l., 40 à 60 akṣ. (Colonel Phayre.)

151

Jātaka. Mahānipātanissāya (III).

Ms. renfermant la fin du *Mahānipāta* (ou des 10 *Jātakas*) et du Recueil entier des *Jātakas* (*Caṇḍahāla, Nārāda, Vidūra, Vessantara*). Fascicules paginés et séparés comme ci-dessus. — Pāli et birman.

XIXe siècle. Écriture birmane. 359 olles de 495 × 55 mm., 10 l., 40 à 60 akṣ. (Colonel Phayre.)

152

Temiyajātaka.

Le premier des 10 *Jātakas.* — Début du ms. : *Māpaṇḍiccayaṃ vibhāvayāti idaṃ satthā jetavane viharanto mahābhunekkhaṃmamaramim ārabbha katthasi | Ekaṃ divasam..:*

XVIIIe siècle. Écriture mul. 49 olles de 560 × 65 mm., 5 l., 40 à 50 akṣ. (Missions étrangères.)

153

Temiyajātaka.

Même ouvrage que le précédent.

XIXe siècle. Écriture mul. 55 olles de 540 × 50 mm., 5 l., 40 à 50 akṣ. (Missions étrangères.)

154

Temiyajātaka.

Même ouvrage que les deux précédents. — Écriture plus fine et plus serrée, nombreuses corrections à l'encre.

XVIIIe siècle? Écriture mul. 535 × 50 mm., 5 l., 50 à 68 akṣ. (Missions étrangères.)

155

Temiyajātaka.

Même ouvrage que les précédents. — Notes et corrections à l'encre.

XIXe siècle. Écriture mul. 43 olles de 460 × 60 mm., 5 l., 50 à 60 akṣ. (Missions étrangères.)

156

Temiyajātaka.

Même ouvrage que les précédents. — Pāli-birman. Incomplet.

1834. Écriture birmane. 56 olles de 490 × 50 mm., 7 l., 40 à 50 akṣ. (Birman-Pāli 2.)

157

Mahājanakajātaka.

Commentaire du 2e des 10 *Jātakas* (*Mahānipāta*). — Notes et corrections à l'encre.

XIXe siècle. Écriture mul. 56 olles de 560 × 60 mm., 5 l., 50 à 60 akṣ. (Missions étrangères)

158

Mahājanakajātaka.

Même ouvrage que les deux précédents.

XIXe siècle. Écriture mul. 54 olles de 535 × 50 mm., 5 l., 40 à 50 akṣ. (Missions étrangères.)

159

Mahājanakajātaka.

Ouvrage semblable aux précédents. Mention finale : *Mahājanakajātakam duttyam niṭhitam.* — Corrections à l'encre.

XIXe siècle. Écriture mul. 40 olles de 535 × 50 mm., 5 l., 65 à 75 akṣ. (Missions étrangères.)

160

Mahājanakajātaka.

Note de la main de Burnouf : « *Djanakkadjâta*, en pāli, avec une glose Barmane ».

1832. Écriture birmane. 71 olles de 495 × 55 mm., 7 l. 20 à 50 akṣ. (Barman-pāli J.)

161.

Suvaṇṇasāmajātaka.

Le 3e *Jātaka* du *Mahānipāta*. Commentaire. — Notes et corrections à l'encre.

XIXe siècle. Écriture mul. 42 olles de 540 × 50 mm., 5 l., 40 à 50 akṣ. (Missions étrangères.)

162

Suvaṇṇasāmajātaka.

Même ouvrage que le précédent — Notes et corrections peintes et à l'encre en marge et dans l'interligne.

XIXe siècle. Écriture mul. 40 olles de 538 × 47 mm., 5 l., 50 à 60 akṣ. (Missions étrangères.)

163

Suvaṇṇasāmajātaka.

Ouvrage semblable aux précédents. — Quelques notes et corrections à l'encre.

XIXe siècle. Écriture mul. 34 olles de 545 × 50 mm., 5 l., 40 à 50 akṣ. (Missions étrangères.)

164

Suvaṇṇasāmajātaka.

Même texte que le précédent. — Ms. dont l'écriture n'a pas été noircie.

XIXe siècle. Écriture mul. 41 olles de 560 × 55 mm., 5 l., 45 à 55 akṣ. (Missions étrangères.)

165

Suvaṇṇasāmajātaka.

Note de la main de Burnouf : « *Suvaṇṇadjâtaka*, en pâli avec une glose barmane. 60 feuilles ».

1830. Écriture birmane. 60 olles de 500 × 50 mm., 8 l., 40 à 50 akṣ.

166

Nemirājajātaka.

Commentaire du *Nemirāja*, le 4e des dix *Jātakas*. — Cahier provenant d'une collection renfermant la série suivie des 10 *Jātakas*. — Notes et corrections à l'encre.

XIXe siècle. Écriture mul. 46 olles de 535 × 45 mm., 5 l., 55 à 55 akṣ. (Missions étrangères.)

167

Nemirājajātaka.

Même ouvrage que le précédent. — Notes et corrections à l'encre.

XIXe siècle. Écriture mul. 50 olles de 540 × 50 mm., 5 l., 45 à 55 akṣ. (Missions étrangères.)

168

Nemirājajātaka.

Id.

XIXe siècle. Écriture mul. 45 olles de 560 × 55 mm., 5 l., 60 à 76 akṣ. (Missions étrangères.)

169

Nemirājajātaka.

Id. — Manque la feuille *kan* (= 10).

XIXe siècle. Écriture mul. 46 olles de 535 × 50 mm., 5 l., 45 à 55 akṣ (Missions étrangères.)

170

Nemirājajātaka nissaya.

Note de la main de Burnouf : « *Nemidjâtaka nissaya*. Trad. barmane du *Nemijâtaka* ».

1833. Écriture birmane. 66 feuilles de 490 × 50 mm., 7 l., 20 à 50 akṣ. (Missions étrangères.)

171

Nemijātaka.

Pāli et birman. — Note de la main de Burnouf : « Acheté de W. Straker, 95 fr., le 13 mai 1833. E. Burnouf ».

1811. Écriture birmane. 74 olles de 515 × 65 mm., 10 l., 40 à 50 akṣ. (Burnouf 138.)

172

Fragment de *Jātaka*?

XIXe siècle. Écriture mul. 10 olles de 270 × 50 mm., 25 à 30 akṣ.

173

Mahosadhajātaka.

Fascicules 1-4. — Commentaire du 5e des 10 *Jātakas*, dont le titre ordinaire est *Mahā Ummaṅga*, comprenant 4 cahiers au lieu de 5. — L'écriture n'a pas été noircie.

XIXe siècle. Écriture mul. 162 olles de 565 × 55 mm., 5 l., 45 à 55 akṣ. (Missions étrangères.)

174

Mahosadhajātaka.

Fascicules 2-5. — Même ouvrage que le précédent, incomplet du 1er cahier; les cahiers 2-5 proviennent sans doute d'exemplaires différents, la pagination n'étant pas continue. — Notes et corrections peintes à l'eau.

XIXe siècle. Écriture mul. 164 olles de 540 × 45 mm., 5 l., 45 à 55 akṣ. (Missions étrangères.)

175

Mahosadhajātaka.

2e fascicule de l'ouvrage ci-dessus.

XIXe siècle. Écriture mul. 34 olles de 535 × 55 mm., 5 l., 60 à 70 akṣ. (Missions étrangères.)

176

Mahosadhajātaka.

Fragment renfermant à peu près les mêmes matières que les deux mss. précédents. — Notes et corrections à l'encre.

XIXe siècle. Écriture mul. 34 olles, paginées 173-204, de 540 × 50 mm., 5 l., 50 à 60 akṣ. (Missions étrangères.)

177

Mahosadhajātaka.

Fragment du même ouvrage, 3e fascicule. — Notes et corrections à l'encre.

XIXe siècle. Écriture mul. 42 olles, paginées 76-115, de 535 × 50 mm., 5 l., 45 à 55 akṣ. (Missions étrangères.)

178

Mahosadhajātaka.

3e Fascicule. — Quelques corrections à l'encre.

XIXe siècle. Écriture mul. 40 olles de 540 × 55 mm., 6 l., 45 à 55 akṣ. (Missions étrangères.)

179

Mahosadhajātaka.

4e fascicule. — Notes et corrections à l'encre.

XIXe siècle. Écriture mul. 39 olles de 535 × 50 mm., paginées 85-122, 5 l., 55 à 65 akṣ. (Missions étrangères.)

180

Mahosadhajātaka.

Même fragment du même ouvrage. — Notes et corrections à l'encre.

XIXe siècle. Écriture mul. 40 olles, paginées 112-148, de 525 × 45 mm., 5. l., 55 à 65 akṣ. (Missions étrangères.)

181

Mahosadhajātaka.

Ms. semblable au précédent, commençant comme lui par : *Brahmadattassāpi*, et finissant par : *tatthathapesi*..., mais la reprise à la fin de la ligne, au lieu d'être *tha* [*petva*], est *papa-ayarare*...

XIXe siècle. Écriture mul. 51 olles de 550 × 45 mm., 5 l., 55 à 65 akṣ. (Missions étrangères.)

182

Bhūridatta-jātaka.

Fragment du Commentaire du *Bhuridatta*, le 6e des 10 *Jātakas*. Il en contient environ la première moitié. — Notes et corrections à l'encre.

XIXe siècle. Écriture mul. 37 olles de 535 × 50 mm., 5 l., 45 à 55 akṣ. (Missions étrangères.)

183

Bhūridatta-jātaka.

Même ouvrage. — Notes et corrections à l'encre.

XIXe siècle. Écriture mul. 34 olles de 535 × 50 mm., 5 l., 50 à 60 akṣ (Missions étrangères.)

184

Bhūridatta-jātaka.

Le même que les deux précédents. — Cahier tout neuf, dont l'écriture n'a pas même été noircie.

XIXe siècle. Écriture mul. 35 olles de 550 × 50 mm., 5 l., 40 à 50 akṣ. Missions étrangères.)

185

Bhūridatta-jātaka.

Deuxième moitié du Commentaire du *Bhūridatta*, suite de la portion contenue dans les trois mss. précédents. — Pagination spéciale; notes et corrections peintes et à l'encre.

XIXe siècle. Écriture mul. 43 olles de 530 × 50 mm., 5 l., 50 à 60 akṣ. (Missions étrangères.)

186

Bhūridatta-jātaka.

Même ms. que les précédents. — Notes et corrections à l'encre.

XIXe siècle. Écriture mul. 39 olles de 560 × 50 mm., 5 l., 40 à 50 akṣ. (Missions étrangères.)

187

[*Bhūridatta-jātaka*].

Cahier sans titre renfermant une partie du texte du *Bhūridatta-jātaka*. Lacunes et doubles dans la pagination des feuillets, qui paraissent ne pas avoir tous la même origine.

XIXe siècle. Écriture mul. 39 olles de 560 × 55 mm., 5 l., 40 à 50 akṣ. (Missions étrangères.)

188

Bhūridattajātakanissāya.

Même ouvrage que les précédents. — Pāli et birman.

XIXe siècle. Écriture birmane. 92 olles de 475 × 50 mm., 7 l., 40 à 50 akṣ.

189

Candakumārajātaka.

Commentaire du septième des 10 *Jātākas*. — Ce fascicule, d'après sa pagination, faisait partie d'une collection des *Jātakas*. — Notes et corrections à l'encre.

XIXe siècle. Écriture mul. 37 olles, paginées 205-234, de 540 × 50 mm., 5 l., 50 à 60 akṣ. (Missions étrangères.)

190

Candakumārajātaka.

Même ms. que le précédent. — Mention finale : *Candakumāra-jātakaṃ sattanaṃ nitthitaṃ...* — Notes et corrections à l'encre.

XIXe siècle. Écriture mul. 40 olles paginées 395 × 425, de 535 × 50 mm., 5 l., 40 à 50 akṣ. (Missions étrangères.)

191

Candakumārajātaka.

Mention finale : *Candakumāraṃ niṭṭhitaṃ sattanaṃ paripuṇṇaṃ.*

XIXe siècle. Écriture mul. 33 olles, paginées 792-829, de 70 × 50 mm., 5 l., 55 à 65 akṣ. (Missions étrangères.)

192

Candakumārajātaka nissāya.

Note de la main de Burnouf : « *Tchandakamma jâtaka* avec un commentaire barman ». — Pāli et birman.

XIXe siècle. Écriture birmane. 64 olles de 485 × 50 mm., 7 l., 35 à 45 akṣ.

193

Nāradajātaka.

Commentaire du *Nārada*, le 8e des 10 *Jātakas*. — Notes et corrections à l'encre.

XIXe siècle. Écriture mul. 50 olles de 540 × 55 mm., 5 l., 40 à 50 akṣ. (Missions étrangères.)

194

Nāradajātaka.

Même ouvrage que le précédent. — La feuille de tête porte : *Brahmanāradajātaka.* — Notes et corrections à l'encre.

XIXe siècle. Écriture mul. 50 olles, paginées 367-408, de 540 × 45 mm., 5 l., 50 à 60 akṣ. (Missions étrangères.)

195

Nārada [jātaka] nissāya.

Note de la main de Burnouf : « Traduction en barman du *Nârada Djâtaka* ». — Pāli et birman.

XIXe siècle. Écriture birmane. 68 olles de 510 × 55 mm., 8 l., 20 à 50 akṣ.

196

Nāradajātaka nissāya.

Note de la main de Burnouf : « Nârada Djâtaka, avec un commentaire barman ». — Pāli et birman.

XIXe siècle. Écriture birmane. 41 olles de 485 × 50 mm., 7 l., 35 à 55 akṣ.

197

Vidhūrajātaka.

Texte et commentaire du 9e des 10 *Jātakas*, en deux fascicules. — Notes et corrections à l'encre.

XIXe siècle. Écriture mul. 88 olles de 540 × 45 mm., 5 l., 55 à 65 akṣ. (Missions étrangères.)

198

Vidhūrajātaka, 2e partie.

Mention finale : *Vidhurapaṇḍitajātakaṃ niṭṭhitam.* — Notes et corrections à l'encre.

XIXe siècle. Écriture mul. 37 olles de 535 × 50 mm., 5 l., 50 à 60 akṣ. (Missions étrangères.)

199

Vidhūrajātaka, 2e partie.

XIXe siècle. Écriture mul. 42 olles de 545 × 45 mm., 5 l., 50 à 60 akṣ. (Missions étrangères.)

200

Vidhūrajātaka, 2e partie.

Copié sur un ms. de *çakarāja* 2203 (= 1660 A. D.).

XIXe siècle. Écriture mul. 36 olles de 520 × 45 mm., 5 l., 40 à 50 akṣ. (Missions étrangères.)

201

Vidhūrajātaka.

Dernière partie. — Début : *Kāmo viya ahosi.* Fin : *Vidhūrapaṇḍito pana ahaṃ evāti...*

XIXe siècle. Écriture mul. 23 olles de 535 × 45 mm., 5 l., 40 à 50 akṣ. (Missions étrangères.)

202

Vidhūrajātaka.

Note de la main de Burnouf : « *Viduradjâtaka avec une traduction barmane* ».

1785. Écriture birmane. 79 olles de 520 × 30 mm., 5 l., 35 à 50 akṣ.

203

Mahāvessantarajātaka.

Le 10ᵉ des 10 Jātakas, divisé en 13 cahiers répondant chacun à l'un des chapitres de l'ouvrage. Le nombre des stances est indiqué en lettres et en chiffres.

1807. Écriture mul. 220 olles de 545 × 50 mm., 5 l., 50 à 60 akṣ. (Missions étrangères.)

204

Mahāvessantarajātakagāthā.

1er fascicule. — Fragment des stances du 10ᵉ des 10 *Jātakas*. — Les mentions finales de chaque chapitre portent le nombre des stances en lettres et en chiffres, comme dans le ms. précédent.

XIXᵉ siècle. Écriture mul. 31 olles de 545 × 50 mm., 5 l., 40 à 50 akṣ. (Missions étrangères.)

205

[*Mahāvessantarajātaka*].

Cahier sans titre, paraissant être la continuation du ms. précédent, mais provenant sans doute d'un exemplaire différent.

XVIIIᵉ siècle. Écriture mul. 21 olles de 545 × 50 mm., 5 l., 35 à 45 akṣ. (Missions étrangères.)

206

Aṭṭhakathā-mahāvessantarajātaka.

Commentaire du 10ᵉ des 10 *Jātakas*, en 4 fascicules. — Notes et corrections à l'encre.

XIXᵉ siècle. Écriture mul. 118 olles de 545 × 50 mm., 5 l., 50 à 60 akṣ. (Missions étrangères.)

207-210

Mahāvessantarajātaka.

Le 10e des 10 *Jātakas*, en pāli, avec une traduction birmane, en 4 parties.

1re partie : Commencement : *Namo tassa...* Fin : *Abravi* || *Chivaṃ-lat.* — 2e partie : Commencement : *Tañ* || *Rathesabha* ||. — Fin : *Makan : tuic sañ va vañ kaung.* — 3e partie : Commencement : *Susu* || *pue kyang tuiv sañ* .. — Fin : *Kicci* || *nān* ||. — 4e partie : Commencement : *Vālani gā kiṇṇe* ||. — Fin : *Mahāvessantarajātaka niṭṭhitaṃ* || || *akkharā ekamekañca buddharūpaṃ...* || || *sakkarāj* 1195 (=1833) *khu* || *hra suim lan ra rak aṅgane* || *ne mvan : lvai : akhyin tvang vesantarājāt nissya kuiv re : kū pri* || *sañ* || || *di* || *bu* || *ā* || *e* ||.

Note de la main de Burnouf (sur chacun des 4 fascicules) : « *Mahâvessantara Djâtaka* 1re (2e, 3e, 4e) partie ».

1833. Écriture birmane. 242 olles de 480 × 52 mm., 7 l., 30 à 40 akṣ) (Birman-Pāli 106 [= Pāli 207] ; 112 [= 208]; 104 [= 209]; 103 [= 210].

211

Vijādhārajātaka.

XIXe siècle. Écriture mul. 9 olles (dont 2 blanches) de 540 × 50 mm., 5 l., 40 à 50 akṣ. (Missions étrangères.)

212

Silajātaka.

1813? Écriture mul. 9 olles (dont 2 blanches) de 545 × 55 mm., 5 l. 40 à 50 akṣ. (Missions étrangères.)

213

Silajātaka.

Même texte que le précédent.

1711? Écriture mul. 11 olles de 545 × 50 mm., 5 l., 40 à 50 akṣ. (Missions étrangères.)

214

Mahāniddesa.

11e section, divisée en 4 parties, du *Khuddakanikāya* : 1re partie : *Aṭṭhakavagga.* — 2e *Pārāyanavagga.* — 3e *Siṅgiyamāṇavakapucchā.* — 4e *Rhaggavisāṇasuttaniddesa.*

1861. Écriture birmane. 289 olles de (dont 11 blanches), paginées 1-273, de 490 × 65 mm., 11 l., 40 à 50 akṣ. (Collection Bigandet.)

215

Paṭisambhidāmagga.

12e section du *Khuddakanikāya.* — Le volume est partagé en 3 fascicules par l'intercalation de deux feuilles blanches, placées après *gha* (= 48) et *jha* (= 108). Il comprend trois *vaggas*, renfermant chacun dix *Kathā*, parmi lesquels un, le 6e du 2e *vagga*, porte le titre de *Paṭisambhidā*. Plusieurs de ces *Kathā* sont divisés en *bhāṇavāras*, ou sections.

1860. Écriture birmane. 168 olles de 485 × 60 mm., 11 l., 40 à 50 akṣ. (Collection Bigandet.)

216

I. *Thera-apadāna.*
II. *Therī-apadāna.*

15e et dernier ouvrage de *Khuddakanikāya* (le 13e selon Turnour), divisé en deux parties fort inégales, la première (55 *vaggas*, 196 olles), de beaucoup la plus longue, est relative aux religieux (*therā*), la deuxième plus courte (4 *vaggas*, 40 olles) a trait aux religieuses (*therī*).

1791. Écriture birmane. 240 olles de 505 × 50 mm., 9 l., 50 à 60 akṣ. (Collection Bigandet.)

217

I. *Paritta-pāli.*
II. *Paritta-aṭṭhakhatā.*

Texte et commentaire du *Paritta*, vulgairement *Pirit*, ouvrage très populaire à Ceylan, sur lequel Gogerly a publié des articles et dont il a traduit quelques parties dans le *Friend of Ceylon* (I, II, années 1838 et 1839).

Le *Paritta-pāli* est un recueil de textes choisis dans les diverses parties du *Suttapiṭaka*. Il y en a 20 (2 tirés du *Dīghanikāya*, 2 du *Majjhima*, 7 du *Saṃyutta*, 5 de l'*Aṅguttara*, 13 du *Khuddaka* (7 du *Khuddakapāṭha*, 4 du *Suttanipāta*), 2 du *Jātaka*). — Les deux parties ont une pagination spéciale. — Une table des matières est jointe au volume.

XIXe siècle. Écriture singhalaise. 168 olles (texte, 27; commentaire 141) de 570 X 60 mm., 10 l., 50 à 70 akṣ. (Grimblot nos 45 et 46.)

218

I. *Dhammasaṅgaṇi.*

II. *Vibhaṅga.*

Les deux premiers livres de l'*Abhidhamma Piṭaka*, réunis en un seul volume. — Pagination distincte.

1861. Écriture birmane. 228 olles, paginées I, 1-108 et II, 1-178, de 480 X 60 mm., 10 l., 45 à 55 akṣ.

219

Dhammasaṅgaṇippakaraṇaṃ.

Cf. le ms. 218, I.

XIXe siècle. Ecriture singhalaise, 86 olles de 630 X 60 mm., 9 l., 40 à 50 akṣ. (Grimblot n° 47.)

220

Aṭṭhasālinī.

Commentaire du *Dhammasaṅgaṇi*, par Buddhaghosa.

1782. Écriture birmane. 227 olles de 505 X 60 mm., 9 l., 40 à 50 akṣ. (Grimblot n° 48.)

221

Aṭṭhasālinī.

Fragment. — Texte pāli et traduction birmane.

XVIIIe siècle. Écriture birmane. 240 olles de 495 X 60 mm., 8 l., 40 à 50 akṣ.

222

Vibhaṅgappakaraṇaṃ.

Cf. le ms. n° 218, II.

XIXe siècle. Écriture singhalaise. 115 olles de 630 × 55 mm., 9 l., 50 à 60 akṣ. (Grimblot n° 49.)

223

Sammoha-vinodanī (*Vibhaṅga-ppakaraṇa-aṭṭhakathā*).

Commentaire du *Vibhaṅga*, par Buddhaghoṣa. Voir le Catalogue de Copenhague, XXIX, 1°.

1787. Écriture birmane. 270 olles paginées *ka-be* (= 1-271) de 500 × 55 mm., 8 l., 40 à 50 akṣ. (Grimblot n° 50.)

224

Abhidhammasaṅgaṇi, ou *Dhammasaṅgaṇi*, I-VII.

Un des livres de l'*Abhidhamma*; en 6 fascicules.

XIXe siècle. Écriture mul. 222 olles de 560 × 60 mm., 5 l., 50 à 70 akṣ. (Missions étrangères.)

225

I. *Dhātukathā.*
II. *Puggalapaññatti.*
III. *Kathāvatthu.*

Troisième, quatrième et cinquième livres de l'*Abhidhamma*, réunis en un volume. — Les numéros I et II, ont la même pagination et le numéro III, une pagination propre.

1862. Écriture birmane. 245 olles de 470 × 60 mm., 10 l., 45 à 60 akṣ. (Collection Bigandet.)

226

Dhātuppakaraṇa ou *Dhātukathā.*

Fascicule détaché d'un exemplaire complet de l'*Abhidhamma.*

XIXe siècle. Écriture singhalaise. 29 olles, paginées *the-tu* (= 219-245), de 625 × 54 mm., 9 l., 60 à 70 akṣ. (Grimblot n° 54.)

227

Puggala-paññatti-ppakaraṇa.

Cahier détaché d'un exemplaire complet de l'*Abhidhamma*, différent des volumes appartenant à la collection Grimblot.

XIXe siècle. Écriture singhalaise. 24 olles paginées *ḍu-ḍhl* (= 197-218), de 630 × 55 mm., 9 l., 60 à 70 akṣ. (Grimblot no 53.)

228

Kathāvatthu-ppakaraṇa.

Même ouvrage que le no 225, III.

XVIIIe siècle. Écriture singhalaise. 160 olles de 565 × 60 mm., 10 l., 60 75 akṣ. (Grimblot no 51.)

229

Kathāvatthu-ppakaraṇa-aṭṭhakathā.

Commentaire de Buddhaghosa sur le 3e livre de l'*Abhidhamma*.

XIXe siècle. Écriture singhalaise. 63 olles de 535 × 55 mm., 10 l., 50 à 60 akṣ. (Grimblot no 52.)

230

Yamaka.

6e section de l'*Abhidhammapiṭaka*, en 10 parties, formant elles-mêmes plusieurs subdivisions, séparées par des feuilles blanches. — Pagination suivie.

1862. Écriture birmane. 384 olles de 480 × 60 mm., 11 l., 30 à 50 akṣ. (Collection Bigandet.)

231-232

Yamaka-ppakaraṇa, sixième livre de l'*Abhidamma*.

I (231). Les six premiers *Yamakas* et la plus grande partie du 7e, le volume finissant par *uppajjanavāro niṭṭhito*, mention finale de la dernière subdivision de ce *Yamaka*.

II (232). Suite du volume précédent par la pagination et par le texte.

XIXe siècle. Écriture singhalaise. 335 olles (I, 190 olles paginées *ka-ṭhai* [= 1-188], II, 145 olles paginées 189-331) de 570 × 60 mm., 10 l., 50 à 60 akṣ. (Grimblot n°s 55 et 55 *bis*.)

233

Dukkapaṭṭhāna, première section du *Paṭṭhāna*.

7e partie de l'*Abhidhammapiṭaka*. — Catalogue de Copenhague, XXIX, 2°.

1862. Écriture birmane. 210 olles de 470 × 60 mm., 11 l., 30 à 50 akṣ. (Collection Bigandet.)

234

Duka-paṭṭhāna-ppakaraṇa.

Même ouvrage que le n° 233. — La pagination indique que ce volume faisait partie d'un *Abhidhamma* complet.

XIXe siècle. Écriture singhalaise. 124 olles, paginées *tu-bau* (= 245-366), de 630 × 60 mm., 9 l., 60 à 80 akṣ. (Grimblot n° 56.)

235

Tikkapaṭṭhāna-ppakaraṇa.

Troisième section du *Paṭṭhāna*, 7e livre de l'*Abhidhammapiṭaka*.

1861. Écriture birmane. 319 olles de 485 × 60 mm., 11 l., 50 à 60 akṣ. (Collection Bigandet.)

236

Dukatikkapaṭṭhāna.

Troisième section du *Patthāna*, en deux parties séparées par une feuille double. — Écriture plus grande que d'ordinaire.

XIXe siècle. Écriture birmane. 289 olles de 515 × 55 mm., 8 l., 35 à 45 akṣ. (Collection Bigandet.)

237

Abhidhammapiṭaka (Parties de l').

En sept fascicules. Pagination suivie : I. *Dhammasaṅgaṇi* (1re et 2e subdivisions). — II. *Vibhaṅga* (1re subdivision). — III. *Dhātukathā* (1re subdivision). — IV. *Puggalapaññatti* (commencement de la 1re subdivision). — V. *Kathāvatthu* (portion du 1er *kathā*). — VI. *Mūlayamaka* (1er *yamaka*). — VII. *Mahāpaṭṭhāna* (début).

XIXe siècle. Écriture mul. 123 olles de 547 × 50 mm., 5 l., 40 à 50 akṣ. Missions étrangères.)

238

Abhidhammapiṭaka (Parties de l').

En sept cahiers. Pagination suivie : I. *Dhammasaṅgaṇi* (= 237, I). II. — *Vibhaṅga* (diffère notablement de 237, II). — III. *Dhâtukathā* (= 237, III). — IV. *Puggalapaññathi* (texte un peu plus étendu que 237, IV). — V. *Kathāvathu* (texte un peu plus étendu que 237, V). — VI. *Mūlayamamaka* (diffère totalement de 237, VI). — VII. *Mahāpaṭṭhāna* (texte plus développé que 237, VII).

XIXe siècle. Écriture mul. 158 olles de 570 × 50 mm., 5 l., 35 à 45 akṣ. (Missions étrangères.)

239

Dhammasaṅgaṇi.

1er livre de l'*Abhidhammapiṭaka*, renfermant les mêmes matières que 237 et 238, I.

Sur le recto de la première feuille on lit : « Une des parties de la philosophie et théologie des Siamois, appelée Boromat [= Paramatha], en caractères baly fort beaux et anciens, il y en a 7 livres ; cecy est le premier ».

Ms. écrit en mul carré au calame et à l'encre, orné de dessins et de peintures au commencement et à la fin. V. Burnouf et Lassen, *Essai sur le pāli*, Appendice n° 1, p. 190 et pl. III.

XVIIe siècle? Écriture mul carrée. 16 olles paginées *ka-khi* (= 1-16) de 555 × 55 mm., 5 l., 15 à 45 akṣ. (Missions étrangères.)

240

Vibhaṅga.

2e livre de l'*Abhidhammapiṭaka* (= n 237 et 238, II). — Suite du précédent. Même remarques que pour le n° 239.

Sur le recto de la première feuille on lit : « Second livre de la philosophie et théologie des Siamois, en baly ».

XVIIe siècle? Écriture mul carrée. 12 olles paginées *khu-ge* (= 17-28) de 555 × 55 mm., 5 l., 15 à 35 akṣ. (Missions étrangères.)

241

Dhātukathā.

Suite du précédent.

Sur la première feuille : « Troisième livre de la philosophie [et] théologie des Siamois, en baly ».

XVIIe siècle? Écriture mul carrée. 12 olles de 555 × 55 mm., 5 l., 15 à 45 akṣ. (Missions étrangères.)

242

Puggalapaññatti.

Suite du précédent. Pas d'ornements.

XVIIe siècle. Écriture mul carrée. 11 olles paginées *ghu-ngi* (= 41-51) de 555 × 55 mm., 5 l., 15 à 45 akṣ. (Missions étrangères.)

243

Kathāvatthu.

Suite du précédent. Voir le n° 242.

Sur la première olle : « Cinquième livre de la philosophie [et] théologie des Siamois, en baly ».

XVIIe siècle. Écriture mul carrée. 12 olles paginées *ngi-ci* (= 52-63) de 555 × 55 mm., 5 l., 15 à 45 akṣ. (Missions étrangères.)

244

Yamaka.

Suite du précédent.

Sur la première feuille : « Septiesme livre de la philosophie et théologie des Siamois, en baly ». Ce cahier en réalité n'est que le 6e de la collection.

XVIIe siècle. Écriture mul carrée. 8 olles paginées *ci-cau* (= 64-70) de 555 × 55 mm., 5 l., 15 à 45 akṣ. (Missions étrangères.)

245

Mahāpaṭṭhāna.

Suite et fin de la collection précédente (nos 239-244).

Sur la première feuille : « Quatrième livre de la philosophie et théologie des Siamois, en baly ».

Mêmes marques que ci-dessus. — Les ornements des nos 239 et 240 se retrouvent dans celui-ci.

XVIIe siècle? Écriture mul carrée. 13 olles paginées *cam-cham* (= 71-83) de 555 × 55 mm., 5 l., 15 à 45 akṣ. (Missions étrangères.)

246

Abhidhammapiṭaka (Parties de l').

Exemplaire (incomplet de deux cahiers) du texte des nos 237 et 238, renfermant les livres suivants : I. *Dhammasaṅgaṇi.* — II. *Vibhaṅga.* — III. *Dhātukathā.* — IV. *Puggalapaññatti.* — VII. *Paṭṭhāna.*

XIXe siècle. Écriture mul. 80 olles de 545 × 50 mm., 5 l., 40 à 50 akṣ. (Missions étrangères.)

247

Abhidhammapiṭaka (Parties de l').

I. *Dhammasaṅgaṇi* (24 olles). — II. *Vibhaṅga* (18 olles). — III. *Dhātukathā* (16 olles). — V. *Kathāvatthu* (27 olles). — VI. *Yamaka* (24 olles). — Voir les nos 237, 238, 246.

XIXe siècle. Écriture mul. 109 olles de 540 × 44 mm., 5 l. 40 à 50 akṣ. (Missions étrangères.)

248

Abhidhammapiṭaka (Parties de l').

II. *Vibhaṅga.* — Ms. de provenance birmane, écrit au calame et d'une très belle exécution. — Ornements en rouge et en noir.

XVIIIe siècle. Écriture pālie-carrée. 353 olles de 520 × 60 mm., 6 à 7 l. 15 à 45 akṣ.

249

Abhidhammapiṭaka (Parties de l').

III. *Vibhaṅga* (20 olles); IV. *Puggalapaññatti* (13 olles). — V. les n°s 237 et 238, II et IV.

XIXe siècle. Écriture mul. 33 olles de 535 × 60 mm., 5 l., 15 à 55 akṣ. (Missions étrangères.)

250

Abhidhammapiṭaka (Parties de l').

III. *Dhātukathā* (26 olles). — IV. *Puggalapaññatti* (17 olles). — V. *Kathāvatthu* (19 olles). — VI. *Yamaka* (39 olles). — VII. *Mahāpaṭṭhāna* (27 olles). — V. les n°s 237 et 238, III et VII.

XIXe siècle. Écriture mul. 118 olles de 545 × 55 mm., 5 l., 45 à 50 akṣ. (Missions étrangères.)

251

Abhidhammapiṭaka (Parties de l').

Voir le n° précédent. III. *Dhātukathā* (24 olles). — IV. *Puggalapaññatti* (15 olles). — V. *Kathāvatthu* (19 olles). — VI. *Yamaka* (37 olles). — VII. *Mahāpaṭṭhāna* (27 olles).

XIXe siècle. Écriture mul. 120 olles de 575 × 50 mm., 5 l. 40 à 45 akṣ. (Missions étrangères.)

252

Abhidhammapiṭaka (Parties de l').

II. *Vibhaṅga* (20 olles). — IV. *Puggalapaññatti* (12 olles). — V. *Katkāvatthu* (15 olles). — VII. *Mahāpaṭṭhāna* (19 olles).

XIXe siècle. Écriture mul. 66 olles de 545 × 45 mm., 5 l., 20 à 55 akṣ.

253

Vibhaṅha.

Fragment.

XIXe siècle. Écriture mul. 20 olles de 535 × 50 mm., 5 l., 20 à 45 akṣ. (Don du capitaine Saury.)

254

Majjhimapaṇṇāsa.

Ms. écrit au calame, d'aspect identique au n° 248.

XVIIIe siècle. Écriture pālie carrée. 275 olles de 520 × 55 mm., 6 à 7 l., 15 à 45 akṣ.

255

I. *Upāsakālaṅkāra.*
II. *Palimuttaka vinicchaya.*
III. *Pātimokkha.*

XIXe siècle. Écriture birmane. 251 olles de 490 × 55 mm., 9 l., 40 à 45 akṣ.

256

Petavatthu.

7e partie du *Khuddakanikaya.*
Fragment.

XIXe siècle. Écriture mul. 20 olles de 535 × 45 mm., 5 l., 45 à 55 akṣ.

257

Kathāvatthu.

3e partie de l'*Abhidhammapiṭaka.*

XIXe siècle. Écriture mul. 17 olles de 540 × 45 mm., 5 l., 40 à 45 akṣ. (Missions étrangères.)

258

[*Abhidhammapiṭaka?*]

Fragment.

XIXe siècle. Écriture mul. 26 olles de 540 × 45 mm., 5 l., 40 à 50 akṣ.

259

Abhidhammapiṭaka (Parties de l').

V. *Kathāvatthu*. — VI. *Mūlayamaka*. — Voir les nos 237 et 238, V et VI.

XIXe siècle. Écriture mul. 35 olles de 535 × 45 mm., 5 l., 50 à 55 akṣ.

260

Abhidhammapiṭaka (Parties de l').

V. *Kathāvatthu* (16 olles). — VI. *Mūlayamaka* (22 olles). — VII. *Mahāpaṭṭhāna* (22 olles). — Voir les nos 237 et 238, V-VII.

XIXe siècle. Écriture mul. 60 olles de 535 × 50 mm., 5 l., 50 à 54 akṣ. (Missions étrangères.)

261

Kammavāca.

Beau manuscrit, dont l'écriture en relief, exécutée sur de larges olles vernies, se détache en noir sur un fond d'argent orné de dessins rouges. Il est protégé par deux couvertures de bois vernies, argentées et ornementées, maintenues par un ruban, bleu à l'endroit et blanc à l'envers, tissé de sentences pālies. — Longueur du ruban : 2m,20; longueur de la torsade qui le termine 0m,98; largeur : 27 mm. — Voir les nos 24-26.

XVIIIe siècle. Écriture pālie carrée. 10 olles de 550 × 105 mm., 6 l., 15 à 20 akṣ.

262

Kammavāca.

Ms. du même type que le précédent. Écriture jaune sur fond noir; marges rouges à ornements jaunes. Couvertures en bois doré, ornements et vernis noirs. Ruban d'attache, rouge au recto et blanc au verso, à légende pālie blanche. — Longueur du ruban : 4 mètres; longueur de la torsade qui le termine : 0m,42. — Voir les nos 242 (et 24-26).

XIXe siècle. Écriture pālie carrée. 18 olles de 575 × 100 mm., 8 l., 15 à 40 akṣ.

263

Abhidhammapiṭaka.

VII. *Mahāpaṭṭhāna.* — V. les nos 237 et 238, VII.

XIXe siècle. Écriture mul. 21 olles de 540 × 50 mm., 5 l., 20 à 50 akṣ. (Missions étrangères.)

264

Abhidhamma mūla ṭīkā.

XIXe siècle. Écriture birmane. 416 olles de 500 × 55 mm., 8 l., 20 à 40 akṣ.

265

Abhidhammattha-saṅgaha.

En 6 parties, séparées au moyen d'olles réunies par un fil rouge.

XIXe siècle. Écriture birmane. 206 olles de 500 × 60 mm., 9 l., 20 à 50 akṣ.

266

[*Abhidhamma aṭṭhakathā*].

Commentaire de l'*Abbhidhamma*, en sept parties, mais de paginations particulières : I. *Dhamma-saṅgaṇi aṭṭhakathā*; — II. *Vibhaṅga a°* — III. *Dhātukathā a°.* — IV. *Puggalapaññatti a°.* — V. *Kāthāvathu a°.* — VI. *Yamaka a°.* — VII. *Mahāpatthāna a°.*

XIXe siècle. Écriture mul. 160 olles de 580 × 50 mm., 5 l., 45 à 55 akṣ. Missions étrangères.)

267

[*Abhidhamma aṭṭhakathā*].

Sept fascicules semblables aux précédents (voir n° 266). Pagination particulière. — Même mention en siamois inscrite sur chaque fascicule et même titre.

XIXe siècle. Écriture mul. 185 olles de 555 × 50 mm., 5 l., 45 à 50 akṣ. (Missions étrangères.)

268

[*Abhidhamma aṭṭhakathā*].

Sept fascicules semblables aux deux précédents (nos 266 et 267). Mêmes titres. Pagination particulière, qui ne porte cependant que sur les trois premiers cahiers.

XIXe siècle. Écriture mul. 164 olles de 590 × 50 mm., 5 l., 40 à 45 akṣ. (Missions étrangères)

269

[*Abhidhamma aṭṭhakathā*].

Sept fascicules semblables à ceux des nos 266, 267, 268, se suivant par la pagination. Mêmes titres.

XIXe siècle. Écriture mul. 167 olles de 560 × 50 mm., 5 l., 45 à 50 akṣ. (Missions étrangères.)

270

[*Abhidhamma aṭṭhakathā*].

Exemplaire formé de sept fascicules, dont l'identité d'origine est probable ; à l'exception des cahiers I et III, les autres se suivent par la pagination. Mêmes titres. Quelques annotations en marge. — Voir les nos 266-269.

XIXe siècle. Écriture mul. 167 olles de 540 × 50 mm., 5 l., 40 à 50 akṣ. (Missions étrangères.)

271

[*Abhidhamma aṭṭhakathā*].

Section II-VII, formant six fascicules semblables aux précédents. La pagination des fascicules II-III et VI-VII se suit respectivement; celle des deux autres est indépendante.

XIXe siècle. Écriture mul. 156 olles de 580 × 50 mm., 5 l., 35 à 45 akṣ. (Missions étrangères.)

272

[*Abhidhamma aṭṭhakathā*].

Six fascicules (II-VII). — Mêmes sections et mêmes titres que le nº 271. Pagination suivie.

XIXe siècle. Écriture mul. 164 olles de 535 × 45 mm., 5 l., 40 à 45 akṣ. (Missions étrangères.)

273

[*Abhidhamma aṭṭhakathā*].

Quatre fascicules répondant respectivement aux fascicules I-IV des nos 266-270.

XIXe siècle. Écriture mul. 112 olles de 540 × 50 mm., 5 l., 45 à 55 akṣ. (Missions étrangères.)

274

[*Abhidhamma aṭṭhakathā*].

Trois fascicules sans titre répondant aux nos I, II, IV des nos 266-270. Les titres à l'encre ont été ajoutés par M. Léon Feer : *Saṅgani*. — II. *Vibhaṅga*. — IV. *Puggalapaññatti*. La rognure des feuilles a fait disparaître presque partout quelques lettres.

XIXe siècle. Écriture mul. 91 olles de 525 × 45 mm., 5 l., 45 à 55 akṣ. (Missions étrangères.)

275

[*Abhidhamma aṭṭhakathā*].

Trois fascicules respectivement semblables aux numéros précédents : I. *Dhammasaṅgaṇi*. — II. *Vibhaṅga*. — VI. *Yamaka*.

XIXe siècle. Écriture mul. 89 olles de 545 × 55 mm., 5 l., 45 à 50 akṣ. (Missions étrangères.)

276

[*Abhidhamma aṭṭhakathā*].

Deux fascicules respectivement semblables aux cahiers correspondants des numéros précédents : II. *Vibhaṅga*. — VI. [*Yamaka*].

XIXe siècle. Écriture mul. 51 olles de 575 × 50 mm., 5 l., 40 à 45 akṣ. (Missions étrangères.)

277

[*Abhidhamma aṭṭhakathā*].

Quatre fascicules intitulés : II. *Vibhaṅga*. — III. *Dhātukathā*. — IV. *Puggalapaññatti*. — VII. *Mahāpaṭṭhāna*, mais ne répondant pas complètement aux indications des titres.

XIXe siècle. Écriture mul. 77 olles de 540 × 50 mm., 5 l. 40 à 45 akṣ. (Missions étrangères.)

278

[*Abhidhamma aṭṭhakathā*].

Ms. composé de six fascicules : I. *Dhammasaṅgaṇi* (41 olles). — II. *Vibhaṅga* (24 olles). — IV. *Puggalapaññatti* (25 olles). — V. *Kathāvatthu* (25 olles). — VI. *Yamaka* (22 olles). — VII. *Mahāpaṭṭhāna* (17 olles). — Voir les nos 266-268.

XIXe siècle. Écriture mul. 156 olles de 535 × 50 mm., 5 l., 40 à 45 akṣ. (Missions étrangères.)

279

[*Abhidhamma aṭṭhakathā*].

I. *Dhammasaṅgaṇi*. — Voir no 278, I.

XIXe siècle. Écriture mul. 41 olles de 550 × 50 mm., 5 l., 45 à 50 akṣ. (Missions étrangères.)

280

Pārājikā.

Première partie du *Vinayapiṭaka*. — Long fragment de cet ouvrage, en pāli et en birman.

XIXe siècle. Écriture birmane. 250 olles de 530 × 65 mm., 10 l., 40 à 50 akṣ.

281

[*Abhidhamma aṭṭhakathā*].

Commentaire du *Vibhaṅga*, portant le titre fautif de *Puggalapaññatti*.

XIXe siècle. Écriture mul. 29 olles de 540 × 50 mm., 5 l., 15 a 45 akṣ. (Missions étrangères.)

282

[*Abhidhamma aṭṭhakathā*].

III. *Dhātukathā*. — Voir les nos 266-268, III.

XIXe siècle. Écriture mul. 21 olles de 530 X 50 mm., 5 l., 45 à 50 akṣ. (Missions étrangères.)

283

Pātimokkha.

On lit sur la 2e olle : « Livre boudhiste (ancien khmer), donné par le chef des bonzes de Pnom Penh à la pagode de Trey Muk (province de Bapnom) ».

XIXe siècle. Écriture mul. 46 olles de 560 X 45 mm., 5 l., 40 à 60 akṣ.

284

[*Abhidhamma aṭṭhakathā*].

Fascicules IV-VII : IV. *Puggalapaññatti* (27 olles). — V. *Kathāvatthu* (23 olles). — VI. *Yamaka* (29 olles). — VII. *Mahapaṭṭhāna*) ; (19 olles).

XIXe siècle. Écriture mul. 98 olles de 530 X 50 mm., 5 l., 40 à 50 akṣ. (Missions étrangères.)

285

[*Mahavagga*].

Fragment.

XIXe siècle. Écriture mul. 2 olles de 545 X 50 mm., 5 l., 60 à 75 akṣ.

286

[*Abhidhamma aṭṭhakathā*].

Kathāṇavatthu (sic), ou 4e livre du commentaire ci-dessus.

XIXe siècle. Écriture mul. 18 olles de 545 X 50 mm., 5 l., 45 à 50 akṣ. (Missions étrangères.)

287

[*Abhidhammapiṭaka*].

Deux fascicules renfermant : I. *Dhammasaṅgani* (21 olles). — V. *Dhātukathā* (32 olles).

XIXe siècle. Écriture mul. 53 olles de 550 × 50 mm., 5 l., 50 à 60 akṣ.

288

[*Abhidhamma aṭṭhakathā*].

Deux fascicules renfermant : III. *Dhātukathā* (19 olles). — VI. *Yamaka* (27 olles).

XIXe siècle. Écriture mul. 46 olles de 550 × 50 mm., 5 l., 45 à 55 akṣ. (Missions étrangères.)

289

[*Abhidhamma aṭṭhakathā*].

V. *Kathāvatthu.*

XIXe siècle. Écriture mul. 19 olles de 530 × 50 mm., 5 l., 40 à 55 akṣ. (Missions étrangères.)

290-293

Paramattha-dīpanī theragāthā aṭṭhakathā.

Commentaire du *Theragāthā*, ou 8e section du *Khuddakanikāya*. — Quatre volumes comprenant les fascicules 2-18.

XIXe siècle. Écriture mul. 517 olles (290, 123 olles; 291 et 292, 121 olles; 293, 153 olles) de 538 à 540 × 47 à 49 mm., 5 l., 45 à 55 akṣ.

294

[*Apadāna aṭṭhakathā?*].

Commencement du *Pañcaka nipāta.*

Ce texte est précédé de trois feuilles, portant les titres suivants : 1re : *Aṭṭhakathā theragāthā.* — 2e : *Apādāna.* — 3e : *Anuṭīkāsaṅgaha.*

XIXe siècle. Écriture mul. 34 olles de 540 × 50 mm., 5 l., 40 à 60 akṣ.

295

[*Abhidhamma aṭṭhakathā*].

[*Mahāpaṭṭhāna.*] — Le titre *Yamaka aṭṭhakathā*, qui se lit sur la première olle, appartient à un autre fascicule.

XIXe siècle. Écriture mul. 15 olles de 550 × 45 mm., 5 l., 15 à 55 akṣ. (Missions étrangères.)

296-297

Sārasaṅgha.

Fascicules 1-13. Nombreuses corrections à l'encre. — Voir le Catalogue de Copenhague, p. 47-48.

XIXe siècle. Écriture mul. 292 olles de 540 × 55 mm., 5 l., 40 à 50 akṣ. (Missions étrangères.)

298

Sāriputta-mahāmoggalāna-mahākassapa-mahākaccāya-nibbāṇa.

XIXe siècle. Écriture mul. 48 olles de 540 × 45 mm., 5 l., 50 à 55 akṣ. (Missions étrangères.)

299

Mahāmoggalānattheravatthu.

Récit du *Nirvāna* de Sāriputta et de Mahāmoggalāna. — Notes et corrections à l'encre.

XIXe siècle. Écriture mul. 24 olles de 540 × 45 mm., 5 l., 50 à 55 akṣ. (Missions étrangères.)

300

Pathamasambodhi.

Vie du Buddha et de ses premiers successeurs, en 9 fascicules : 1. *Pathamasambodhi tussita.* — 4. *Rājābhisekaparivattanasutta.* — 6. *Dukkarakiriyā.* — 7. *Māravijjayyaparivatta.* — 8. *Abhisam-*

bodhi. — 9. *Brahmajjesana.* — 12. *Nibbānapaccayohoti.* — 13. *Desanāparivatta.* — 14. *Parinibbāṇakathā.*

XIXe siècle. Écriture mul. 174 olles de 555 × 55 mm., 5 l., 45 à 55 akṣ. (Missions étrangères.)

301

[*Pathamasambodhi*].

Fascicules 3, 4, 6, 11 (= 8 du n° 300) : 3. *Lakkhaṇaparigāhaka-parivattu.* — 4. *Rājābhisekkaparivatto.* — 6. *Dukkarakiriyā.* — 11 (= 8). *Bodhisabhañuparivatto.*

1729. siècle. Écriture mul. 77 olles de 550 × 45 mm., 5 l., 55 à 65 akṣ. (Missions étrangères.)

302

Pathamasambodhi.

Rājābhisekaparivattanasutta, ou 4e chapitre. Voir les n°s 300 et 301.

XVIIIe siècle. Écriture mul. 16 olles de 555 × 50 mm., 50 à 60 akṣ. (Missions étrangères.)

303

Pathamasambodhi.

5e chapitre, ou *Mahābhinikkhamana.* — Voir les numéros précédents.

XVIIIe siècle Écritures mul. 16 olles de 530 × 45 mm., 5 l., 40 à 50 akṣ. (Missions étrangères.)

304

Pathamasambodhi.

13e et 14e chapitres : 13. *Desanaparivatta.* — 14. *Parinibbānakathā* (1re partie ou *Aggasāvakaparivatta*). — V. le n° 300.

XVIIIe siècle. Écriture mul. 22 olles de 560 × 50 mm., 5 l., 40 à 50 akṣ. (Missions étrangères.)

305

Pathamasambodhi.

Titre : *Desanaparivatta.* — Semblable au chapitre 13 du numéro précédent.

XXIIIe siècle. Écriture mul. 14 olles de 555 × 45 mm., 5 l., 45 à 55 akṣ. (Missions étrangères.)

306

Pathamasambodhi.

14e fascicule (*Pārinibbānakathā*). — Voir le n° 300. — Lacune de quelques lignes. Corrections à l'encre.

XVIIIe siècle. Écriture mul. 24 olles de 555 × 55 mm., 5 l., 50 à 60 akṣ. (Missions étrangères.)

307

Pathamasambodhi.

14e fascicule (*Pārinibbānakathā*). — Voir le n° 306.

XVIIIe siècle. Écriture mul. 28 olles de 545 × 50 mm., 5 l., 35 à 45 akṣ. (Missions étrangères.)

308

[*Pathamasambodhi*].

Upaguttatheramārabandhanakathā samattā, par le *sthavira* Upagupta.

XVIIIe siècle. Écriture mul. 32 olles de 535 × 50 mm., 5 l., 40 à 50 akṣ. (Missions étrangères.)

309

Pathamasambodhi.

Le titre porte : « *Bra pathamasambodhi vitthāra mārabandhanaparivutta phūk 18* » et la mention finale : « *Iti upaguttatheramārabandhanagāthā samatā* ». — Voir le numéro précédent.

XVIIIe siècle. Écriture mul. 39 olles de 560 × 60 mm., 5 l., 45 à 55 akṣ. (Missions étrangères.)

310

[*Pathamasambodhi*].

Premier chapitre, ou *Tussitavagga*, du *Pathamasambodhi*, avec une glose en siamois accompagnant une partie du texte. — Voir n° 300, 1.

XVIIIe siècle. Écriture mul. 13 olles de 545 × 50 mm., 5 l., 45 à 55 akṣ. (Missions étrangères.)

311

[*Pathamasambodhi*].

Partie du 2e chapitre, ou *Gabbhaparivatta*, du *Pathamasambodhi* avec une glose en siamois.

XVIIIe siècle. Écriture mul. 23 olles de 545 × 50 mm., 5 l., 45 à 55 akṣ. (Missions étrangères.)

312

Pathamasambo[*dhi*].

Gabbhaparivatta, en pāli et en siamois. — Voir le numéro précédent.

XVIIIe siècle. Écriture mul. 23 olles de 545 × 50 mm., 5 l., 40 à 50 akṣ. (Missions étrangères.)

313

[*Pathamasambodhi*].

5e chapitre, ou *Mahābhinikkhamanparivatta*, du *Pathamasambhodhi*, en pāli et en siamois.

XVIIIe siècle. Écriture mul. 43 olles de 545 × 50 mm., 5 l., 40 à 50 akṣ. (Missions étrangères.)

314

Pathamasambodhi.

6e chapitre, ou *Dukkarakiriyā* du *Pathamasambodhi*, en pāli et en siamois. — Nombreuses corrections à l'encre.

XVIIIe siècle. Écriture mul. 21 olles de 550 × 50 mm., 5 l., 40 à 50 akṣ. (Missions étrangères.)

315

Pathamasambodhi.

6e chapitre, ou *Dukkarakiriyā*, en pāli et en siamois. — Même sujet traité que dans le ms. précédent, mais le texte pāli est différent. Écriture inclinée de gauche à droite, comme celle des mss. 295 et 306. — Nombreuses corrections à l'encre.

XVIIIe siècle. Écriture mul. 13 olles de 555 × 55 mm., 5 l., 25 à 50 akṣ. (Missions étrangères.)

316

Pathamasambodhi.

8e chapitre, ou *Abhisambodhi*, en pāli et en siamois. — Corrections à l'encre et en couleur.

XVIIIe siècle. Écriture mul. 17 olles de 555 × 55 mm., 5 l., 20 à 50 akṣ. (Missions étrangères.)

317

[*Pathamasambodhi*].

Abhisambodhi, en pāli et en siamois. — Ms. différent du précédent, dont la pagination montre qu'il appartenait à un exemplaire complet du *Pathamasambodhi*.

XVIIIe siècle. Écriture mul. 21 olles, paginées *ca-chi* (= 61-75), de 535 × 50 mm., 5 l., 20 à 50 akṣ. (Missions étrangères.)

318

[*Pathamasambodhi*].

14e chapitre, ou [*Pari*]*nibbānakathā*. — Le texte diffère du même du chapitre du ms. no 300.

XVIIIe siècle. Écriture mul. 10 olles de 560 50 mm., 5 l., 30 à 40 akṣ. (Missions étrangères.)

319

Pathamasambodhi.

Buddhapādaparivutta, ou commentaire du *Mahāparinibbānasuttavaṇṇanā*, 14e chapitre du *Pathamasambodhi*.

XVIIIe siècle. Écriture mul. 16 olles de 555 × 50 mm., 5 l., 20 à 50 akṣ. (Missions étrangères.)

320

I. [*Māravijayya parivatta.*]

7e chapitre du *Pathamasambodhi.* — Voir no 300, 7.

II. *Ālavakasuttaṃ samattaṃ*, commentaire de l'*Ālavakasutta*, dixième texte du *vagga* du *Suttanipāta*, tiré du *Paramajotikā.*

Commencement : *Yo lokanatho...* — Fin : *Bahū sotāpattiphalāni sapāpuṇiṃsu, Ālavakasuttaṃ* | *Paramatthajotikāyā ālavakasuttavaṇṇaniṭṭhitā* || || *Ālavakasūtra.*

Commentaire du *Culahaṃsa*, premier *jātaka* de l'*Asitinipāta.*

Commencement : *Sumukhāti idaṃ satthā veḷuvane...* — Fin : *Dhataraṭṭho lokanatho evaṃ dhāretha jātakinti* | *Iti jatakakaya* (sic) *thāyā asītinipāta vaṇṇaya cuḷahasajātakaṃ pathamaṃ nitthitam* ||.

IV. *Aṅgulimālasuttaṃ niṭṭhitaṃ.* Texte et commentaire de l'*Aṅgulimāla*, extrait du *Majjhimanikāya*, IIe partie, 4e *vagga*, 6e *sūtra.*

Fin du texte : *Aṅgulimālanāma sutan ti* || *taṃnī pai aṭṭhakathā* || Fin du commentaire : *Aṅgulimālasuttam caṭṭham aṭṭhakathā.*

V. *Ciñcanmāṇavika sundarīpaparibhājikāsuttaṃ.*

VI. *Mahāsakkaccakkasutaṃ* (sic), texte du *Mahāsaccakasutta*, extrait du *Majjhimanikāya*, Ire partie, 4e *vagga*, 6e *sūtra.*

VII. *Nandopanandanāgarājā*, commentaire, par Buddhaçri, du récit de la conversion de Nandopananda.

Fin : *Buddhasiritherena laṅgayitaṃ nandopanandavatthuṃ niṭṭhitam* ||...

VIII. *Brahmanimantanasūtra*, texte et commentaire du *Brahmanimantanisutta*, extrait du *Majjhimanikāya*,

Ire partie, 5e *vagga*, 9e *sūtra*. — Fin du texte : *Brahmanimantaniyasuttaṃ niṭṭhitaṃ.*

Fin du commentaire : *Brahmanimantanikaṃ tveva adhivacanaṃ saṃkhāsamañapañati jāta || Sesasabbattha uttānam evāti...*

XVIIIe siècle. Écriture mul. 173 olles de 535 × 47 mm., 5 l., 20 à 50 akṣ. (Missions étrangères.)

321

I. *Kai bāhuṃ hannavijaya.*

Mention finale : *Maravijayyam niṭṭhitaṃ.* 7e chapitre du *Pathamasambodhi.*

II. *Kai mārātiraka ālavakasūtra.*

Mention finale : *Ālavakasuttaṃ vaṇṇanā niṭṭhītā.* Commentaire de l'*Ālavakasutta* du *Suttanipāta.*

III. *Kai nālāgīrī asītinipāta.*

Mention finale : *Iti jātaka kathāya asītinipāta vaṇṇāya culahamsajātakaṃ pathamaṃ niṭṭhitaṃ.* — Cf. no 320, III.

IV. *Kai saccaṃ saccakkasuttagāthā.*

Mention finale : *Cullasakaccasuttaṃ niṭṭhītaṃ.* — Extrait du *Suttanipāta, Majjhimanikāya.*

V. *Nandopanandanāgarāja.*

Même mention finale que celle du no 320 III, suivie d'une ligne et demie en siamois.

VI. *Kai dugga | Brahmanimantasuta niṭṭhitaṃ.*

Mention finale : *Brahmanimantaṇikassutta aṭṭhamaṃ.* — 8e (9e) *sūtra* du *Suttapiṭaka, Majjhimanikāya.*

XVIIIe siècle. Écriture mul. 129 olles de 649 × 58 mm., 5 l., 20 à 55 akṣ. (Missions étrangères.)

322

[*Amatasadhārānāgatabuddhavaṃsa-vaṇṇana.*]

Amatarasadhāraṭikā anāgata vaṅgya phūk 2. Deuxième fascicule inachevé, d'un commentaire de l'*Anāgatavaṃsa*, par le thera Upatissa (= Upatiṣya).

XVIIIe siècle. Ecriture mul. 29 olles de 540 × 50 mm., 5 l., 40 à 60 akṣ. (Missions étrangères.)

323

Amatarasadhārānāgatabuddhavaṃsa-vaṇṇana.

Fragment final d'un exemplaire du Commentaire de l'*Anāgatavaṃsa* d'Upatiṣya. — Voir le numéro précédent.

XVIIIe siècle. Écriture mul. 24 olles (paginées 66-83), de 555 × 45 mm., 5 l., 55 à 70 akṣ. (Missions étrangères.)

324

ed. par G. Terral ds BEFEO. XLVIII. 1. p. 249-

Paññāsajātaka.

Exemplaire incomplet, qui ne représente que sept *jātakas*, savoir : 1. *Samuddhaghosajātaka.* — 2. *Sudhanakumāraj°.* — 3. *Sutadhanuj°.* — 4. *Ratanapajotaj°.* — 5. *Sirivipullakittij°.* — 6. *Vipullarājaj°.* — 7. *Siriculāmaṇiyūj°.*

XIXe siècle. Écriture mul. 152 olles de 535 × 50 mm., 5 l., 40 à 60 akṣ. Missions étrangères.)

325

ed. par G. Terral ds BEFE XLVIII. 1. p. 249-351.

Paññāsajātaka.

16e fascicule d'un autre exemplaire de même ouvrage que ci-dessus, renfermant les trois jātakas suivants : 1. *Puppajātaka.* — 2. *Bārānasirājāj°.* — 3. *Brāhmaghosaj°.*

XVIIIe siècle. Écriture mul. 28 olles, paginées 361-384, de 545 × 50 mm., 5 l., 35 à 60 akṣ. (Missions étrangères.)

326

Māleyyadevatheravaṇṇanā.

Voir la note V de l'appendice à l'*Essai sur le Pāli*, p. 209-10.

XVIIIe siècle. Écriture mul. 18 olles de 545 × 50 mm., 5 l., 20 à 50 akṣ. (Missions étrangères.)

327

Māleyyadevatheravaṇṇanā.

Même ouvrage que le précédent avec une glose en siamois.

A la fin on lit : « Histoire de Sivichay, une des naissances de leur dieu Somanakhodom, en baly; il y en a trois livres. — Séminaire des Missions étrangères. » — Voir *Essai sur le pāli*, p. 209-10.

XVIIIe siècle. Écriture mul. 32 olles de 545 × 45 mm., 5 l., 40 à 60 akṣ. (Missions étrangères.)

328

Sivijayajātaka.

Histoire de Sīvijaya, en 8 fascicules de 24 feuilles et divisé en quinze kaṇḍas, comprenant eux-mêmes un certain nombre de « Questions » ou *pañha*.

XIXe siècle. Écriture mul. 247 olles de 555 × 50 mm., 5 l., 40 à 50 akṣ. (Missions étrangères.)

329

[*Sīvijayajātaka.*]

Premier *kaṇḍa* ou *Dārapariyesanakaṇḍa* d'un exemplaire de la vie de Sīvijaya, incomplet du commencement. — Pâli-siamois.

Sur la première olle on lit, au r° : « Livre 2 Sivichae », en écriture de la fin du XVIIe siècle ou du commencement du XVIIIe, et v° : « Histoire d'une des vies de Somanakhodhom, en baly, livre 2d. — Séminaire des Missions étrangères », en écriture de la fin du XVIIIe siècle.

XVIIe siècle. Écriture mul. 26 olles de 535 × 45 mm., 5 l., 35 à 45 akṣ. (Missions étrangères.)

330

[*Jātaka ? — Lokameyya dhanañjaya.*]

Titre : *Braḥ lokaneyya braḥ dhanañjayya paṇḍitta tuka 1* (2).

XIXe siècle. Écriture mul. 58 olles de 540 × 55 mm., 5 l., 45 à 55 akṣ. (Missions étrangères.)

331

[*Jātaka?*]

Fascicule 2, intitulé *Bra Lokaneyya*, de l'ouvrage précédent. Manque le feuillet *ge* (= 31).

XIXe siècle. Ecriture mul. 25 olles de 555 × 55 mm., 5 l., 40 à 60 akṣ. (Missions étrangères.)

332

[*Jātaka?*]

Fragment du même ouvrage que les nos 330 et 331, intitulé *Bra Lokaneyya phūk* 3.

Corrections à l'encre et à la couleur.

1815. Écriture mul. 25 olles de 545 × 55 mm., 5 l., 40 à 55 akṣ. (Missions étrangères.)

333

[*Jātaka?*]

Dhanañjaya, fascicule 4. — Voir les nos 330-332.

A la fin un texte de 5 feuilles commençant par : *Çālitvā vyākaronto gātham āha* et finissant par : *Suvaṇṇajarajajena alaṅkarena viñuhitarahito evaṃ ñāṇaṃ ha.*

XIXe siècle. Écriture mul. 36 olles de 545 × 50 mm., 5 l., 40 a 60 akṣ. (Missions étrangères.)

334

[*Jātaka?*]

Lokaneyyadhanañjaya. Trois fascicules (5-7) se suivant par la pagination (lacune de deux feuilles) et leur numéro d'ordre et faisant partie du même ouvrage que les numéros précédents.

Notes et corrections à l'encre.

XIXe siècle. Écriture mul. 91 olles de 545 × 55 mm., 5 l., 40 à 55 akṣ. (Missions étrangères.)

335

[*Jātaka?*]

Dhanañjaya, fascicule 8, renfermant seulement douze feuilles de texte. — Même ouvrage que les précédents.

XIXe siècle. Écriture mul. 16 olles de 545 × 55 mm., 5 l., 40 à 50 akṣ. (Missions étrangères.)

336

[*Jātaka?*]

Bra Lokaneyya, fascicule 9. — Voir les nos 330-335.

XIXe siècle. Écriture mul. 30 olles de 540 × 55 mm., 5 l., 50 à 60 akṣ. (Missions étrangères.)

337

[*Jātaka?*]

Dhanañjaya, dixième et dernier fascicule de cet ouvrage. — Voir les numéros 330-336.

Il finit par : *Neraloke varadhammadaso eso dhanañjaya mahāpuriso na añño buddho sabbaññū pavaro iti lokhanāthoti* || *Lokanayyapañho niṭṭhito* ११.

Notes et corrections à l'encre et à la couleur.

XIXe siècle. Écriture mul. 40 olles de 540 × 50 mm., 5 l., 40 à 55 akṣ. (Missions étrangères.)

338

[*Gāthālokaneyya.*]

Fragment paraissant renfermer les gāthās « stances du *Lokaneyya* » (voir les nos 330-337).

En voici les divisions : *Nagarapavesanakaṇḍa. Bheridhatthavicārak°. Gamanak°. Cattaroduccaritak° Raṇavijjayak°. Upparājak°. Rājabuddhacarik°. Dhammayuddhak°. Dvādasapaho.* — Pāli-siamois.

XIXe siècle. Écriture črieṅ. 43 olles de 540 × 45 mm., 5 l., 50 à 60 akṣ. (Missions étrangères.)

339

Rasavāhinī.

« Le Fleuve du goût, ouvrage écrit en pāli et contenant une collection de récits historiques et légendaires (*vatthu*, en sanscrit *vastu*) relatifs à l'Inde et à Ceylan et qui sont plus ou moins directement rattachés à l'histoire du Bouddhisme. Cette collection curieuse et que je crois unique en France, contient cent dix histoires, dont les titres sont donnés dans une table qui termine ce beau manuscrit. Il a été copié l'an 2207 de Gâutama Bouddha, ou, selon le calcul singhalais, l'an 1663 de notre ère. » Note de la main de Burnouf. Voir le Catalogue de vente, p. 341.

Pour la table, voir le Catalogue de Copenhague, nos XXXVIII et XXXIX, p. 52-54.

1663. Écriture singhalaise. 206 olles de 555 × 60 mm., 7 l., 50 à 70 akṣ. (Burnouf, 150.)

340

Madhurasabāhiṇī.

« Cinq fascicules (1-5) renfermant la première partie de la *Rasavāhiṇī* (v. le n° 339) ou les 40 faits accomplis dans le *Jambudvīpa* (l'Inde), formant 40 récits, divisés en 4 sections de 10 récits chacune. » Note de Léon Feer.

XIXe siècle. Écriture mul. 153 olles de 545 × 45 mm., 5 l., 45 à 55 akṣ. (Missions étrangères.)

341

Madhurasabāhiṇī.

En cinq fascicules : — 1. Ier vagga, vatthu 1-7. — 2. Ier vagga (fin), IIe vagga, vatthu 1-6. — 3. IIe vagga (fin), IIIe vagga, vatthu 1-6. — 4. IIIe vagga (fin), IVe vagga, vatthu 1-3. — 5. IVe vagga (fin), Ve vagga, vatthu 1-6.

XIXe siècle. Écriture mul. 155 olles de 555 × 55 mm., 5 l., 55 à 65 akṣ. (Missions étrangères.)

342

Sotabba-malīnī.

Cinq fascicules, réunis en un volume, contenant 80 récits (tirés du *Suttapiṭaka*?), répartis en 8 *vaggas* de chacun dix récits.

XVIIIe siècle. Écriture mul. 153 olles de 550 × 50 mm., 5 l., 40 à 40 akṣ. (Missions étrangères.)

343

Dasavatthu.

Fascicules 1-6.

XIXe siècle. Écriture mul. 173 olles de 540 × 45 mm., 5 l., 20 à 30 akṣ. (Missions étrangères.)

344

Dasavatthu.

Fascicules 1-4. — Texte différent du no 343.

XIXe siècle. Écriture mul. 101 olles de 550 × 50 mm., 5 l., 35 à 50 akṣ.

345

Dasapuññakriyāvatthu.

Deux fascicules (1-2) se suivant par la pagination. Le titre du premier est : *Dasapuñabrahma[ca]riyathatthuvattherattha.* — Commencement : *Namo tassa | Dānaṃ silañca bhāvanā patidānanumodanā veyyāvaccā yañca desanā sutta diṭhapati ||.* — Fin : *Dasapuñakiriyāvatthuvaṇṇanā niṭṭhitā.*

XIXe siècle. Écriture mul. 56 olles de 545 × 50 mm., 5 l., 20 à 45 akṣ.

346

Pālī pañcagati.

Texte pāli de *Pañcagati*, en cinq *kaṇḍas* : *Narakakaṇḍaṃ, Tiracchānak°, Petak°, Manussak°, Devak°.*

XIXe siècle. Écriture mul. 13 olles de 550 × 49 mm., 5 l., 20 à 50 akṣ.

347

Pañcagatidipaniyāaṭṭhakathā.

Trois fascicules renfermant le commentaire de l'ouvrage précédent.

XIXe siècle. Écriture mul. 88 olles de 550 × 50 mm., 6 l., 20 à 45 akṣ.

348

Caturārakkhā.

Incomplet.

XIXe siècle. Écriture mul. 24 olles de 540 × 50 mm., 5 l., 20 à 50 akṣ.

349

Catuvārakkhā aṭṭhakathā.

Commentaire (incomplet) de l'ouvrage précédent.

XIXe siècle. Écriture mul. 122 olles de 545 × 45 mm., 5 l., 20 à 60 akṣ.

350

Abhidhammasaṅgaha.

Résumé de l'*Abhidhamma* par Anuruddha. Titre du 1er fascicule, précédé d'une longue mention en siamois : *Bra Abhidhammatthasaṅgahavibhāgo paripuṇṇo niṭṭhito*; titre du 2e fasc. : *Bra Abhidhammatthasaṅgaha*, à droite longue mention en siamois. — Voir les n°s 351 et 352.

XIXe siècle. Écriture mul. 55 olles de 585 × 50 mm., 5 l., 35 à 50 akṣ. (Missions étrangères.)

351

Abhidhammasaṅgaha.

Résumé en 850 propositions, divisées en 9 chapitres. — Deux fascicules : 1. *Bra ḥabhidhammasaṅgahavibhāgo pakaraṇaṃ nitthito phūk* 1. — 2. *Abhidhammatthasaṅgaha phuk* 2.

Mention finale : *Iti Annuddhācāriyena caritaṃ* (= *racitaṃ*) *abhi-*

dhammasaṅgahaṃ nāma pakaraṇaṃ ganṭhato paññāsadhikāni aṭṭhasatāni samattāni | Abhidhammasaṅgaho niṭṭhito.

XIXe siècle. Écriture mul. 55 olles de 550 × 50 mm., 5 l., 20 à 50 akṣ. (Missions étrangères.)

352

Abhidhammasaṅgaha.

Résumé en 850 propositions. Même ouvrage que le précédent. Titres : 1er fasc. : *Braḥ Abhidhammatthasaṅgahavibhāgo paripuṇṇo niṭṭhito.* — 2e fasc. : *Braḥ Abhidhammatthasaṅgaha.*

Les deux fascicules proviennent d'exemplaires différents.

XIXe siècle. Écriture mul. 55 olles de 550 × 50 mm. (2e fascicule : 555 × 50 mm.), 5 l., 20 à 50 akṣ. (Missions étrangères.)

353

Abhidhammasaṅgahasarūpa.

Commentaire des ouvrages précédents, par le bhikkhu Siribandha, ainsi qu'il résulte de la mention initiale : *Namatthu | Niraṅgaṇañca nimmalaṃ lokanāthaṃ bhivandīya buddhaṃ dhammañca saṅghañca nissāyapakaraṇṇāyaṃ dhammasarūpakamena siribhandhena bhikkhunā yācito haṃ karissāmi | Abhidhammathasarūpakaṃ.*

XIXe siècle. Écriture mul. 48 olles de 540 × 50 mm., 5 l., 45 à 55 akṣ. (Missions étrangères.)

354

Jinālaṃkārasaṅgaha ou *Jinālaṃkāravaṇṇanā.*

Voir Burnouf, *Lotus*, 290, 305, 332, 341 et suiv. — Catalogue de Copenhague, n° XXXVI, p. 51.

XIXe siècle. Écriture singhalaise. 169 olles de 440 × 55 mm , 40 à 55 akṣ. (Grimblot, n° 59.)

355

Jinālaṃkāra.

« Poème en pāli sur les Perfections de Gotama Buddha, avec

un ample commentaire également en pâli (acquis de W. Draker) 12 juillet 1833. » Note de la main de Burnouf sur le recto de la première olle.

XVIIIe siècle. Écriture singhalaise. 139 olles de 450 × 55 mm., 9 l., 45 à 55 akṣ. (Burnouf, 148.)

356

Visuddhi-magga.

Traité de Buddhagosa sur l'ensemble de la doctrine buddhique, divisé en 23 chapitres, qui offrent eux-mêmes des subdivisions.

XIXe siècle. Écriture singalaise. 255 olles de 555 × 60 mm., 9 l., 50 à 70 akṣ. (Grimblot, no 57.)

357

I. *Nettipakaraṇa.*

II. *Peṭakopadesa.*

XIXe siècle. Écriture birmane. 96 olles de 490 × 60 mm., 8 l., 15 à 60 akṣ. (Collection Bigandet.)

358

Milindapañha.

«*Milinda prasna.* Questions de Milinda, ouvrage philosophique contenant une controverse sur le Bouddhisme sous la forme d'un dialogue entre le roi *Milinda*, que l'on dit être un Grec, et *Nâgasêna*, disciple de Gâutama. Cette discussion passe pour avoir eu lieu cent ans environ après le *Nirvâṇa* de Gâutama, et elle eut pour résultat la conversion de Milinda. Cet ouvrage qui est écrit en pâli et en singhalais, est un des livres les plus importants pour la connaissance de la philosophie bouddhique. » Note de la main de Burnouf collée à l'intérieur d'une des planchettes qui servent à protéger le ms. V. aussi le Catalogue de vente, p. 342.

XVIIIe siècle. Écriture singhalaise. 388 olles de 560 × 60 mm., 7 à 8 l., 45 à 70 akṣ. (Burnouf, 152.)

359

Milindapañha.

Voir Catalogue de Copenhague, nº XXXIII, pp. 49-50, et Spencer Hardy, *Manual of buddhism*, pp. 532-533.

XIXe siècle. Écriture singhalaise. 209 olles de 460 × 55 mm., 8 l., 40 à 60 akṣ. (Grimblot, nº 58.)

360

Milindapañha.

Commencement. — Trois fascicules (1-3) réunis en un volume,

XIXe siècle. Écriture mul. 85 olles de 550 × 50 mm., 5 l., 35 à 45 akṣ. (Missions étrangères.)

361

Milindapañha.

Quinze fascicules (4-18), renfermant une grande partie des *Questions de Milinda*, et qui, bien qu'appartenant à un exemplaire autre que les trois cahiers du ms. nº 360, peuvent néanmoins s'y raccorder; une partie du texte du dernier de ces cahiers se trouvant être le commencement du 4e fasc. du présent numéro. — Manquent les olles *ḍhā* et *yau*. — Corrections à l'encre.

XIXe siècle. Écriture mul. 311 olles, paginées 73-384, de 550 × 45 mm., 5 l., 30 à 40 akṣ. (Missions étrangères.)

362

Milindapañha.

Fragment, en deux fascicules (4-5).

XIXe siècle. Écriture mul. 47 olles, paginées 73-120, de 535 × 45 mm., 5 l., 30 à 50 akṣ. (Missions étrangères.)

363

Milindapañha.

Deux fascicules portant chacun le nº 3, mais d'une pagination différente, renfermant, le premier, le 3e *vagga* de la première section, le second, une partie du 1er *vagga* de la deuxième section.

XIXe siècle. Écriture mul. 34 olles, paginées 49-61 et 102-122, de 540 × 55 mm., 5 l., 35 à 45 akṣ. (Missions étrangères.)

364

Milindapanha.

2e fascicule du commentaire. — Pāli et siamois.

XIXe siècle. Écriture mul. 30 olles de 535 × 50 mm., 5 l., 35 à 50 akṣ.

365

Dīpavaṃsa.

XIXe siècle. Écriture singhalaise. 39 olles de 480 × 65 mm., 8 à 10 l., 35 à 45 akṣ. (Grimblot, n° 63.)

366

Dīpavaṃsa.

Ms. moins correct que le précédent.

XIXe siècle. Écriture singhalaise. 34 olles de 535 × 55 mm., 7 à 8 l., 40 à 60 akṣ. (Grimblot, n° 62.)

367

Mahāvaṃsaṭīkā ou °*vaṇṇanā.*

« Commentaire sur le grand recueil historique intitulé *Mahāvamsa*, écrit en pâli, par Mahânâma, au commencement du ve siècle de notre ère. C'est de cet ouvrage, qui est rare, même à Ceylan, que Turnour a extrait les renseignements les plus précieux pour l'histoire du Buddhisme, qui se trouvent dans la préface de son *Mahâvamsa* et dans ses mémoires ». Note de la main de Burnouf collée sur la planchette du manuscrit.

XVIIIe siècle. Écriture singhalaise. 240 olles de 565 × 65 mm., 7 l., 55 à 65 akṣ. (Burnouf, 143.)

368

Thūpavaṃsa, par Cakravati-prakrāna-paṇḍita.

A l'intérieur de la couverte, en bois peint en rouge avec ornements jaunes et noirs, on lit cette note de la main de Burnouf : « *Thûpavamsa* (en pâli). Énumération des *Thûpa* ou édifices où furent déposées les reliques du Buddha (acquis de W. Straker). 12 juillet 1833 ». — Voir Hardy, *Manual of Buddhism*, 2e édit., p. 366, et Catalogue de Copenhague, *Codices elnici et singhalenses*, XVIII, p. 73.

XVIIIe siècle. Écriture singhalaise. 46 olles de 355 × 60 mm., 11 à 12 l., 40 à 60 akṣ. (Burnouf.)

369

Lalāṭa-dhātu-vaṃsa-vaṇṇanā.

En cinq chapitres.

XIXe Écriture singhalaise. 26 olles de 490 × 55 mm., 9 l., 40 à 60 akṣ. (Grimblot n° 61.)

370

Sārādīpani pathamasāmanta.

XVIIIe siècle. Écriture mul. 28 olles de 535 × 55 mm., 5 l., 30 à 40 akṣ.

371

Khuddasikkhā.

1782. Écriture birmane. 29 olles de 500 × 60 mm., 8 l. 25 à 35 akṣ.

372

Khuddasikkhādīpanī.

Commentaire de l'ouvrage précédent.

Note de la main de Burnouf : « *Khuddasikkhā dīpanī.* Le flambeau de la petite instruction. Ouvrage qui fait partie de la collection dite *Vinaya* ou de la discipline, et qui doit répondre au *Vinaya Kshudravastu* de la collection des écrits émanés de Çâkyamuni; voy. *Journal of the Royal Asiatic Society of Bengal*, I, p. 2 et 3. » Voir aussi Catalogue de Copenhague, n° XLVIII, p. 58.

XVIIIe siècle. Écriture birmane. 51 olles de 510 × 50 mm., 7 l., 40 à 50 akṣ. (Burnouf, 139.)

373

Khuddasikkhādīpanī.

Note de la main de Burnouf : « *Khuddasikkhadîpanî*, ou le Flambeau de la petite instruction, ms. pâli, accompagné d'un commentaire littéral en barman, contenant une partie des traités relatifs à la discipline, et appartenant au Vinaya. A la fin du ms. se trouve un fragment d'un traité également relatif à la discipline, en pâli, mais sans commentaire barman, en 22 feuilles ».

Nota : Ce fragment de 22 feuilles, qui avait été joint par erreur au ms. précédent, a été restitué au présent manuscrit.

XVIIIe siècle. Écriture birmane. 131 olles de 505 × 55 mm., 7 l., 35 à 45 akṣ. (Burnouf, 134.)

374

Sāsana āyupakaraṇa.

Note de la main de Burnouf : « Sâsana âyupakarâṇa. L'un des discours de Gâutama Buddha sur la discipline (*Vinaya*). Ce précieux ms. est divisé en deux parties; la première contient en 19 feuillets le texte pâli de cet ouvrage; la seconde reproduit en 40 feuillets le même texte, quelquefois avec des additions, et avec une traduction littérale en barman. » — Sur l'une des planchettes, formant couverture, on lit : « Acheté de W. Straker : 162 fr. Le 13 mai 1833. E. Burnouf ».

1810. Écriture birmane. 71 olles de 515 × 70 mm., 10 l., 35 à 45 akṣ. (Burnouf, 136.)

375

[*Siddhantaparivāsa*].

Fragment du *Kammavāca*, portant sur la première olle le titre suivant : *Sāmodanā niṭṭhita.*

XVIIIe siècle mul. 22 olles, paginées 13-31, de 355 × 50 mm., 5 l., 20 à 30 akṣ. (Missions étrangères.)

376

[*Siddhantaparivāsa.*]

Même texte que celui du ms. précédent, mais les deux parties dont il est formé sont interverties. — Titre gravé sur la première olle : *Ekaccaṃ sudantaṃ parivāsakammaṃ.*

XVIIIe siècle. Écriture mul. 23 olles de 335 × 55 mm., 5 l., 20 à 30 akṣ. (Missions étrangères.)

377

Pāli-muttaka-vinaya-vinicchaya-saṃgaho.

Note de la main de Burnouf, colléesur le ms. : « Manuscrit pâli sur les devoirs des religieux et sur la discipline; incomplet du commencement et de la fin, avec une lacune au milieu; du reste en général correct ».

Exposé de la doctrine buddhique, présentant les lacunes suivantes au commencement : 72 olles (*ka-cau*), au milieu, lacunes ds 24 olles (*chau-jha*), de 72 olles (*ḍa-da*) et de 2 olles (*paṃ* et *bo*) à la fin l'ouvrage s'arrête à la feuille *bha.*

Voir le Catalogue de Copenhague, n° XXXI, p. 48.

XVIIIe siècle. Écriture birmane. 123 olles de 510 × 55 mm., 8 l., 25 à 30 akṣ. (Burnouf, 133.)

378

Bra-vimatti-vinodani-vinaya.

18e fascicule d'un ouvrage sur le *Vinaya*, commençant au milieu d'une phrase et finissant de la même manière. Pas de mention finale.

Une feuille, de 5 l. à la page et d'une écriture différente, est jointe à ce ms. Commencement : *rucā parajhonānaṃ ti attho* | Fin : *āpattivitikkamena* | *na...*

On lit aussi sur une note jointe : « *Phrae vinai.* Les règles des Talapoins. I. 18e vol. (*Bali*) » et sur la première olle : « Tolfrey, n° 8 ».

XVIIIe siècle. Écriture mul. 31 olles, paginées 441-444, de 540 × 50 mm., 5 l., 40 à 50 akṣ. (Fonds siamois n° 23.)

379

Purāṇaṭīkāsaṅgaha.

Note de la main de Burnouf : « Commentaire en pāli sur un ouvrage philosophique dont je n'ai pu découvrir le titre, parce que le commencement et la fin du manuscrit manquent. Ce précieux et ancien manuscrit, qui a été copié à Siam avec le caractère sacré du pays, est accompagné de nombreuses gloses en langue Thai ».

XVIIIe siècle. Écriture mul. 180 olles de 545 × 50 mm., 2 l. 40 à 50 akṣ. (Burnouf, 140.)

380-382

Upāsakaviniccaya.

Note de la main de Burnouf sur la première olle du premier fascicule : « Exposition des caractères et des devoirs d'un fidèle Bouddhiste ».

Ouvrage en cinq divisions : les nos 380-382 en présentent trois (2e, 3e et 4e) et sont complétés par les nos 555-556 (1re et 5e). Voir ces numéros.

XVIIIe siècle. Écriture birmane. 108 olles de 500 × 60 mm., 9 l., 30 à 45 akṣ. (Burnouf, 137 I-V.)

383

I. *Indasāva.*

Collection de 24 termes appliqués successivement à 16 espèces d'êtres et finissant par une eulogie. Le premier terme de cette énumération en constitue le titre.

A la fin (fol. 13) : *Caturisatigathā niṭṭhitā* || *cya Indasāvaṃ doni lë.* — Titre en pāli et en siamois.

II. *Dānapāramī.*

Énumération des dix *pāramitās*, avec des tableaux les présentant combinées et un exposé des existences antérieures du Buddha. — A la fin, sorte de litanies des mérites du Buddha : *Iti piso Bhagavā... Iti piso Bhagavā dānapāramī te Bra cossi egajatti cya doni* | . — Titre et mention en pāli et en siamois.

XIXe siècle. Écriture mul. 32 olles de 535 × 60 mm., 2 à 5 l., 20 à 30 akṣ. (Missions étrangères.)

384

Mūlasikha.

Traité sur les principes de la discipline, avec une traduction birmane.

Note à l'encre, de la main de Burnouf, sur la première olle : « *Mûlasikkâ Vinaya.* Traité sur les principes de la Discipline ».

Planchette de garde peintes en noir, avec « No 15 » en jaune.

XVIIIe siècle. Écriture birmane. 26 olles de 515 × 70 mm., 10 l., 35 à 45 akṣ. (Ancien fonds no 402.)

385

Mahābuddhaguṇa.

1er fascicule. — Avec un commentaire en siamois.

XVIIIe siècle. Écriture mul. 13 olles de 540 × 50 mm., 5 l., 25 à 35 akṣ. (Missions étrangères.)

386

Mahābuddhaguṇa.

2e fascicule. — Avec un commentaire en siamois.

XVIIIe siècle. Écritures mul et črieṅ. 23 olles de 550 × 60 mm., 5 l., 35 à 45 akṣ. (Missions étrangères.)

387

Mahābuddhaguṇa.

Sur la première olle on lit : « Prière en langue bâlie écritte en caractères siamois, que les Talapoins ont coustume de chanter au bruslement des corps. »

Ornements rouges et jaunes. Couverture en bois laquée or rouge et noir.

XVIIIe siècle. Écriture mul siamoise. 35 olles de 555 × 45 mm., 4 l., 30 à 35 akṣ. (Missions étrangères.)

388

Noms et épithètes du Bouddha traduits et expliqués en birman. — Note de la main de Grimblot.

1835. Écriture birmane. 54 olles de 500 × 55 mm., 7 l., 25 à 35 akṣ.

389

Vivācāmaṅgala.

Pāli-siamois. — Nombreuses corrections à l'encre. — Incomplet.

XVIIIe siècle. Écriture mul. 28 olles de 545 × 55 mm., 5 l., 40 à 50 akṣ. (Missions étrangères.)

390

Maṅgalavivācā (= *Vivācāmaṅgala*).

Même ouvrage que le précédent, mais avec des variantes parfois assez considérables. Incomplet, lacune de 8 à 10 feuilles. — Nombreuses corrections à l'encre et à la couleur. Pāli-siamois.

XVIIIe siècle. Écriture mul. 36 olles de 550 × 50 mm., 5 l., 35 à 40 akṣ. (Missions étrangères.)

391

Maṅgala aṭṭhattarasā aṭṭhakathā.

Commentaire d'un ouvrage relatif aux signes du pied du Buddha.

XVIIIe siècle. Écriture mul. 47 olles de 555 × 50 mm., 5 l., 30 à 40 akṣ. (Missions étrangères.)

392

Buddhaghosanidāna.

Commentaire de l'Histoire de Buddhaghosa, depuis sa naissance jusqu'à son arrivée à Ceylan. La feuille du titre porte : *Yassamassapatvāloka.* — Pāli-siamois.

XVIIIe siècle. Écriture mul. 23 olles de 570 × 55 mm., 5 l., 40 à 50 akṣ. (Missions étrangères.)

393

[*Buddhaghosanidāna?*]

La feuille du titre porte : *Bra Budaghosapëlaṅkara phūk 3.*

Commentaire siamois incomplet de l'histoire de Buddhaghosa. Il finit par la phrase suivante, qui se retrouve au folio *ṇa* r°, l. 2 : *Samanesu ca sabesu laṅkādīpe bahusuca tadiso samaṇo nāma nadiṭṭha puñe ca.*

XVIIIe siècle. Écriture mul. 22 olles de 540 × 45 mm., 5 l., 30 à 40 akṣ. (Missions étrangères.)

394

Buddhaghosanidāna.

Deuxième fascicule. — Pāli et siamois. La feuille de titre porte : *Brā Buvighosa jātaka niṭṭhitaṃ phūk 2.*

XVIIIe siècle. Écriture mul. 23 olles de 542 × 47 mm., 5 l., 25 à 35 akṣ. (Missions étrangères.)

395

Trailokaviniccaya.

Deuxième fascicule. — Incomplet. — Pāli et siamois.

XVIIIe siècle. Écriture mul. 49 olles, paginées *ghu-ngi* [= 29-51] et *ka-du* [= 121-149], de 380 × 55 mm., 5 l., 15 à 30 akṣ. (Don de l'Institut.)

396

Trailokaviniccayakathā.

Fin du commentaire. — Pāli-siamois.

XVIIIe siècle. Écriture mul. 17 olles de 545 × 50 mm., 5 l., 30 à 40 akṣ. (Missions étrangères.)

397

Bhimbābhilāyasutta.

Pāli-siamois.

XVIIIe siècle. Écriture mul. 25 olles de 535 × 50 mm., 5 l., 25 à 35 akṣ. (Missions étrangères.)

398

Bhimbābilābbavaṇṇanā.

Commentaire siamois de l'ouvrage précédent. — Pāli-siamois.

XVIIIe siècle. Écriture mul. 21 olles de 520 × 45 mm., 5 l., 40 à 60 akṣ. (Missions étrangères.)

399

Bhïmbābilābbavaṇṇanā.

Commentaire siamois de l'ouvrage intitulé *Bhimbābilābba* et dont le commencement est le même que celui des nos précédents. A la fin on lit : *Bhimbhabilāyavaṇṇanā niṭṭhitā.*

XVIIIe siècle. Écriture mul. 26 olles de 578 × 61 mm., 5 l., 30 à 40 akṣ.

400

[*Majjhimanikāya.*]

Abrégé du commentaire en pāli et en siamois sur le : *Puṇṇovâdasutta*, 3e *sutta* du Ve *vagga* de la 3e partie (*Uparipaṇṇāsa*) du *Majjhimanikāya.*

XVIIIe siècle. Écriture mul. 25 olles de 554 × 52 mm., 5 l., 30 à 40 akṣ. (Missions étrangères.)

401

Jambūpatīsutta.

Début : *Ekaṃ samayaṃ Bhagavā Rājavahe viharati veluvaṇṇe* || *Tadā Jambūpatīrājānāma ahosi* || .— Fin : *Sabbe parisacatusu maggesu patiṭhahisusesābalanikāyo pañcanlāni uggahetvā vattinsu* || *Janbūpatisuttaṃ niṭṭhītaṃ* || .

XVIIIe siècle. Écriture mul. 25 olles de 560 × 55 mm., 5 l., 20 à 50 akṣ. (Missions étrangères.)

402

Jambūpatīsutta[*vaṇṇanā*].

Titre gravé sur la première olle : *Bra Mahājambupatisarajaniṭṭhīto.*

Commentaire siamois du *sutta* précédent. — Pāli-siamois.

XVIIIe siècle. Écriture mul. 25 olles de 545 × 50 mm., 5 l., 20 à 45 akṣ. (Missions étrangères.)

403

Ovadānusāsana.

Avec un commentaire en siamois.

1813. Écriture mul. 17 olles de 562 × 54 mm., 5 l., 35 à 45 akṣ. (Missions étrangères.)

404

Tiṇṇapālakavatthu.

Début : *Namaṭhu* | *Abhahanteṇa vaṇṇenanāṭi ādikātiṇṇapālade-*

vamuttam kamadassanaṃ tassa uppati || *Ati*[*te*] *kira imasmi yeva bhaddakappe kasaponāma sammasambuddho loke uppano bārānāssī nissaya...*

Fin : *Bhagavato dhammadesanā satthikā jātāti Tiṇṇapaladeva-putassa kammanidassavathuṃ niṭṭhitaṃ Kathinapānānanisaṃsaṃ-kadā nitthītā* || *cya paripuṇṇa sēla* ||.

XVIIIe siècle. Écriture mul. 15 olles de 535 × 50 mm., 5 l., 20 à 40 akṣ. (Missions étrangères.)

405

Mahāvipāka, avec un commentaire en siamois.

A la fin : *Sikkhāpasakheppakathā paripuṇṇa.* — Pāli-siamois.

XVIIIe siècle. Écriture črieṅ. 26 olles de 550 × 50 mm., 5 l., 75 à 85 akṣ. (Missions étrangères.)

406

Pathamasambodhi : Abhinikkamaṇa.

Pāli-siamois. — Corrections à l'encre.

XVIIIe siècle. Écriture mul. 18 olles de 525 × 50 mm., 5 l., 15 à 60 akṣ. (Missions étrangères.)

407

Mahārattanabimbhivaṅga.

Avec commentaire en siamois.

Les premiers mots du texte pāli de chaque passage sont en caractère mul, le commentaire siamois est en petite écriture črieṅ.

XVIIIe siècle. Écriture mul et črieṅ. 18 olles de 553 × 53 mm., 5 l., 45 à 55 akṣ. (Missions étrangères.)

408

Fragment, sans titre, de l'*Abhidhamma* ou du *Pathamasambodhi*? Pāli-siamois.

XVIIIe siècle. Écriture mul. 12 olles de 570 × 55 mm., 5 l., 45 à 55 akṣ. (Missions étrangères.)

409

Kaccāyanasutta.

XVIIIe siècle. Écriture mul. 24 olles de 550 × 50 mm., 5 l., 50 à 60 akṣ. (Missions étrangères.)

410

[*Paramatthadīpanī.*]

5e fascicule d'un commentaire siamois sur cet ouvrage, intitulé : *Bra Maratthadipani kë nai bra kathavatthu phūk 5.* — Titre à l'encre. — Pāli-siamois.

XIXe siècle. Écriture mul. 13 olles de 525 × 45 mm., 5 l., 30 à 45 akṣ. (Missions étrangères.)

411

Yassasassatha.

Sorte de *dhāraṇī* commençant par : *Namathu* | *Pathamadānapārami dutiyaṃ silapārami,* et finissant ainsi : *Visaṅkhāragataṃ cittaṃ gahṇānaṃ kheyya majjhagasī āmantayāvivo bhikkhave veyyadhammā saṅkhārā appamādena sampādeṭhāmi* || *cya paripunnaṃ lvë lë* ||.

XIXe siècle. Écriture mul. 28 olles de 330 × 50 mm., 5 l., 25 à 30 akṣ. (Missions étrangères.)

412

Suddhakammajātakavaṇṇanā.

Glose en siamois.

Commencement : *Kudesañukumittabbāti idaṃ satthā jetavano viharanto anisammakāriya cuttalaṃ ārabbha kathesi* ||. — Fin : *Sudukammajātakka vaṇṇa nītthitaṃ* ||.

XVIIIe siècle. Écriture mul. 20 olles de 550 × 55 mm., 5 l., 15 à 45 akṣ. (Missions étrangères.)

413

Mahājanaka.

Glose en siamois. 2e fascicule. — Titre gravé sur la première olle : *Bra Mahajānaka paripuṇṇa niṭṭhitaṃ 2.*

XVIIIe siècle. Écriture mul. 46 olles de 555 × 55 mm., 5 l., 40 à 50 akṣ. (Missions étrangères.)

414

Mahosatajātaka.

2e partie.

XIXe siècle. Écriture mul. 32 olles de 570 × 55 mm., 5 l., 40 à 50 akṣ. (Missions étrangères.)

415

Mahās[a]ta[jātaka].

Fragment, avec une glose en siamois.

XIXe siècle. Écriture mul. 28 olles de 545 × 45 mm., 5 l., 40 à 50 akṣ. (Missions étrangères.)

416

[*Bhūridattajātaka?*]

Deuxième fascicule d'un texte portant sur la première olle le titre suivant : *Bhuridatta.*

XIXe siècle. Écriture mul. 44 olles de 555 × 55 mm., 5 l., 20 à 40 akṣ. (Missions étrangères.)

417

Suvaṇṇasāmajātaka.

Deux fascicules réunis en un volume renfermant le 540e *jātaka*, avec une glose siamoise.

XVIIIe siècle. Écriture mul. 67 olles de 560 × 55 mm., 5 l., 20 à 40 akṣ. (Missions étrangères.)

418

[*Mahāvessantarajātaka.*]

547e *jātaka* du Recueil de Fausböll, avec une paraphrase siamoise. Deuxième partie. — A la fin : *Nagarakaṇḍaṃ niṭṭhitaṃ* ||.

XVIIIe siècle. Écriture črieṅ. 37 olles de 555 × 45 mm., 5 l., 45 à 60 akṣ. (Missions étrangères.)

419

[*Mahāvessantarajātaka*].

Fragment du *Jūjakapabba*. — Voir le numéro précédent.

XVIIIe siècle. Écriture mul. 7 olles de 530 × 45 mm., 5 l., 15 à 35 akṣ. (Missions étrangères.)

420

[*Mahāvessantarajātaka.*]

Sakkapabba. — Voir les numéros précédents.

XVIIIe siècle. Écriture mul. 14 olles de 535 × 55 mm., 5 l., 12 à 40 akṣ. (Missions étrangères.)

421

Paramatthappakaraṇa.

Résumé pāli-siamois de l'*Abhidhamma*, dont les diverses sections forment autant de divisions du livre.

XIXe siècle. Écriture mul. 28 olles de 540 × 50 mm., 5 l. 20 à 40 akṣ. (Missions étrangères.)

422

Kathāvatthu.

3e section de l'*Abhidhamma*, 5e fascicule.

XIXe siècle. Écriture mul. 16 olles, paginées *ṅe-caṃ* (= 67-83), de 530 × 50 mm., 5 l., 20 à 45 akṣ. (Missions étrangères.)

423

Kathāvatthu.

Voir le numéro précédent.

XIXe siècle. Écriture mul. 16 olles, paginées *ṅe-caṃ* (= 67-83), de 533 × 50 mm., 5 l., 20 à 45 akṣ. (Missions étrangères.)

424

Kaccāyanappakaraṇa.

Grammaire pālie de Kaccayāna, avec une glose siamoise. — *Sandhikappa.* — Texte pāli en grands caractères mul; glose siamoise en petits caractères *črieṅ.*

XVIIIe siècle. Écriture mul et črieṅ. 41 olles de 565 × 60 mm., 5 l., 2 à 30 akṣ. (Missions étrangères.)

425

Kaccāyanappakaraṇa.

Avec une glose siamoise, *Kārakakappa* « syntaxe », sixième *kaṇḍa.* — Même disposition que le numéro précédent. Deux fascicules qui, s'il ne proviennent pas d'un même exemplaire, sont deux fragments de deux exemplaires exactement semblables.

XVIIIe siècle. Écriture mul et črieṅ. 51 olles de 545 × 52 mm., 5 l., 2 à 30 akṣ. (Missions étrangères.)

426

Kaccāyanappakaraṇa.

Avec une glose siamoise, *Kārakakappa* « syntaxe », sixième *kaṇḍa.* — Semblable aux numéros précédents par la disposition, le texte et l'état matériel des feuilles, dont quelques-unes, surtout au commencement, sont très dégradées. L'écriture est plus petite mais très bien formée.

XVIIIe siècle. Écriture mul et črieṅ. 41 olles de 535 × 45 mm., 5 l., 2 à 30 akṣ (Missions étrangères.)

427

Kaccayanappakaraṇa.

Avec une glose siamoise. — Ms. semblable aux précédents, écriture plus fine. — Incomplet de 5 feuilles.

La dernière mention est : *Iti kiñcidhānakappe pañcamo kaṇḍo* et le fascicule se termine par les mots *pidādititittittiyo*, qui se lisent dans le numéro précédent, fol. *te*, col. 2 du pāli, l. 5.

XVIIIe siècle. Écriture mul et črieṅ. 39 olles de 560 × 50 mm., 5 l., 2 à 30 akṣ. (Missions étrangères.)

428

Kaccāyanappakaraṇa.

Avec une glose siamoise. — Voir les numéros précédents. Grande écriture au commencement, plus petite à la fin. La première olle manque et à la fin est une lacune de plusieurs pages.

Mentions finales : *Iti sandhikappe dutiyo kaṇḍo*; — *Iti taddhitakappe aṭṭhamo kaṇḍo.*

XIXe siècle. Écriture mul et črieṅ. 22 olles de 570 × 60 mm., 5 l., 2 à 30 akṣ. (Missions étrangères.)

429

Kaccāyappakaraṇa.

Avec une glose siamoise. — Texte disposé de la même façon que dans les mss. précédents et s'arrêtant au 2e *kaṇḍa* de l'*Akhyātakappa.*

XVIIIe siècle. Écriture mul et črieṅ. 22 olles de 570 × 60 mm., 5 l., 2 à 30 akṣ. (Missions étrangères.)

430

Kaccāyanappakaraṇa.

Avec une glose siamoise. — Cet exemplaire paraît formé de

feuilles empruntées à divers exemplaires. Le texte se suit, mais non la pagination.

Le commencement et la fin manquent. On y relève la mention finale suivante : *Iti nāmmakappe dutiyo kaṇḍo* et : *Iti kiñcidhānakappe pañcamo kaṇḍo.*

XVIIIe siècle. Écriture mul et črieṅ. 18 olles de 560 × 60 mm., 5 l., 2 à 38 akṣ. (Missions étrangères.)

431

Kaccāyanappakaraṇa.

Avec une glose siamoise. Ms. analogue aux précédents. — Bonne écriture, olles en fort mauvais état, mais le texte a peu souffert.

Le fascicule renferme les deux premières parties de l'ouvrage et finit par la mention : *Iti nāmakappe pañcamo kaṇḍo.*

XVIIe siècle. Écriture mul et črieṅ. 16 olles de 560 × 55 mm., 5 l., 2 à 30 akṣ. (Missions étrangères.)

432

Kaccāyanappakaraṇa.

Fragment de cinq olles détériorées, renfermant le *Sandhikappa* et s'arrêtant au milieu du 1er kaṇḍa du *Nāmakappa.*

XVIIe siècle. Écriture mul et črieṅ. 6 olles de 550 × 60 mm., 5 l., 2 à 30 akṣ. (Missions étrangères.)

433

Kaccāyanappakaraṇa.

Autre fragment semblable au précédent : 1er *kappa* (*Sandhik°*) et une partie du *Nāmakappa* jusque vers le second *kaṇḍa.* — Lacune de trois feuilles : *kā, ki, kī.*

XVIIe siècle. Écriture mul et črieṅ. 6 olles de 540 × 55 mm., 5 l., 2 à 30 akṣ (Missions étrangères.)

434

Kaccāyanappakaraṇa.

Le texte est distribué par colonnes et les aphorismes sont généralement numérotés en chiffres arabes. Fin : *Iti uṇadikappo niṭṭhito* | .

XIXe siècle. Écriture singhalaise. 7 olles de 480 × 60 mm., 8 à 10 l., 20 à 50 akṣ. (Grimblot, no 79.)

435

Kaccāyanappakaraṇa.

Deux manuscrits dans les mêmes ais.

1. *Suttas* sans commentaires. — 7 olles. (Grimblot no 78.)

2. Exemplaire présentant une lacune dans la deuxième section (II, 3, 20 à II, 4, 11) deux feuilles environ y sont devenues llisibles. — Mention finale : *Sakābdaṃ thutisatyaṃ.* (Grimblot no 80.)

Ces mss. ont servi de base à l'édition de M. Senart (*Journal Asiatique*, 1871).

XVIIIe siècle. Écriture singhalaise. 51 olles de 470 × 55 mm., 9 l., 35 à 40 akṣ. (Grimblot, nos 78 et 80.)

436

Kaccāyanappakaraṇa.

Avec une glose siamoise interlinéaire; 1re partie : *Sandhikappa.*

XVIIIe siècle. Écriture mùl et črieṅ. 18 olles de 555 × 50 mm., 3 l., 25 à 35 akṣ. (Missions étrangères.)

437

Kaccāyanappakaraṇa.

Avec une glose interlinéaire siamoise. —Titre gravé sur la première olle : *Mullakaccāyasandhiparittaṃ nitthitaṃ, tūka 1.* Commentaire du *Sandhikappa.*

XVIIIe siècle. Écriture mul et črieṅ. 22 olles de 560 × 50 mm., 2 l., 35 à 45 akṣ. (Missions étrangères.)

438

Kaccāyanappakaraṇa.

Même texte et même disposition que le ms. précédent. Titre : *Bra Dhamma mūna tūka* 1. — Fin : *Iti Sandhikappe pañcamo kando* ||.

XIXe siècle. Écriture mul et črieṅ. 22 olles de 560 × 55 mm., 3 l., 25 à 45 akṣ. (Missions étrangères.)

439

Kaccāyanappakaraṇa.

Sandhikappa. — Ms. semblable au précédent pour le titre, la disposition et la matière. — Manque l'olle *kī* (= 4e).

XVIIIe siècle. Écriture mul et črieṅ. 18 olles de 570 × 60 mm., 3 l., 30 à 45 akṣ. (Missions étrangères.)

440

Kaccāyanappakaraṇa.

Commentaire du *Sandhikappa*, semblable aux précédents. Titre : *Mūllakaccāyaṇasandhi phūk* 1.

XVIIIe siècle. Écriture mul et črieṅ. 22 olles de 560 × 55 mm., 3 l., 35 à 45 akṣ. (Missions étrangères.)

441

Kaccāyanappakaraṇa.

Sandhikappa. — La glose siamoise est inachevée et l'écriture d'un certain nombre d'olles n'a pas été noircie. — Voir les numéros précédents.

XIXe siècle. Écriture mul et črieṅ. 12 olles de 545 × 60 mm., 5 l., 15 à 35 akṣ. (Missions étrangères.)

442

Kaccāyanappakaraṇa vaṇṇanā.

Grand commentaire sur le *Sandhikappa*.

XVIIe siècle. Écriture singhalaise. 230 olles de 395 × 55 mm., 9 à 10 l., 40 à 50 akṣ. (Grimblot, no 84.)

443

Sammohavighātanī.

Commentaire, sans nom d'auteur, sur le *Sandhikappa.* — Le ms. est incomplet du dernier chapitre sur les *Uṇādi.*

XIXe siècle. Écriture singhalaise. 82 olles de 505 × 65 mm., 8 à 9 l., 40 à 50 akṣ. (Grimblot, n° 83.)

444

Mukhamatta[sāra] dīpanī.

Commentaire sur la grammaire de Kaccāyana, supposé antérieur au *Rūpa siddhi,* en 8 sections.

1846. Écriture birmane. 357 olles de 520 × 65 mm., 10 l., 20 à 40 akṣ. (Grimblot, n° 85.)

445

[Kaccāyanappakaraṇa.]

Deux cahiers, provenant d'exemplaires différents, renfermant l'un, les deux premiers, l'autre, les deux derniers *kaṇḍas* du *Nāmakappa.* — Pāli-siamois.

XVIIe siècle. Écriture mul. 45 olles de 560 × 55 mm., 3 et 4 l., 25 à 35 akṣ. (Missions étrangères.)

446

[Kaccāyanappakaraṇa.]

Mūnakaccāyanasūtranāma ou Commentaire du *Nāmakappa*, en deux cahiers d'origine différente. — Pāli-siamois.
Fasc. I : *kaṇḍa* 1-2. — Fasc. II : *kaṇḍa* 3-5.

XVIIIe siècle. Écriture mul. 52 olles de 555 × 55 mm., 3 et 4 l., 30 à 40 akṣ. (Missions étrangères.)

447

[*Kaccāyanappakaraṇa.*]

Titre : *Mūllakaccāyananāma.* — Fascicule renfermant le *Nāmakappa.* — Pāli-siamois. Nombreuses corrections et additions à l'encre.

XVIII° siècle Écriture mul. 25 olles de 540 × 50 mm., 3 et 4 l., 35 à 45 akṣ. (Missions étrangères.)

448

[*Kaccāyanappakaraṇa.*]

Première partie du Commentaire sur le *Nāmakappa.* — Pāli-siamois.

XVIII° siècle. Écriture mul. 26 olles de 550 × 55 mm., 3 et 4 l., 30 à 40 akṣ. (Missions étrangères.)

449

[*Kaccāyanappakaraṇa.*]

Première partie du Commentaire du *Nāmakappa.* — Même texte et même disposition que les numéros précédents. — Pāli-siamois.

XIX° siècle. Écriture mul. 32 olles de 545 × 50 mm., 3 et 4 l., 15 à 45 akṣ. (Missions étrangères.)

450

[*Kaccāyanappakaraṇa.*]

Première partie du Commentaire du *Nāmakappa.* — Titre : *Mūllakaccāyanāmma.* — Pāli-siamois. Voir le numéro précédent.

XVIII° siècle. Écriture mul. 26 olles de 535 × 50 mm., 3 et 4 l., 45 à 55 akṣ. (Missions étrangères.)

451

[*Kaccāyanappakaraṇa.*]

Première partie du *Nāmakappa.* — Le texte siamois est plus

clairsemé surtout vers la fin. — Mention finale : *Iti nāmakappe duteyo kaṇḍo*. Nombreuses corrections à l'encre. — Voir les numéros précédents.

XVIIIe siècle. Écriture mul. 28 olles de 545 × 55 mm., 3 et 4 l., 30 à 40 akṣ. (Missions étrangères.)

452

[*Kaccāyanappakaraṇa*.]

Première partie du *Nāmakappa*, en pāli et en siamois, semblable au numéro précédent.

XVIIIe siècle. Écriture mul. 33 olles de 535 × 50 mm., 3 et 4 l., 30 à 40 akṣ. (Missions étrangères.)

453

[*Kaccāyanappakaraṇa*.]

Fragment de la première partie du *Nāmakappa* s'arrêtant, aux mots : *asmā asmin, annā asmin* || *katākārehiti kimhataṃ*. — Pāli-siamois, nombreuses corrections à l'encre.

XVIIIe siècle. Écriture mul. 16 olles de 545 × 45 mm., 3 et 4 l., 20 à 50 akṣ. (Missions étrangères.)

454

[*Kaccāyanappakaraṇa*.]

Première partie du *Nāmakappa* (les deux premiers *kaṇḍas*). — Texte pāli seul, le petit texte siamois n'est représenté que par une ligne et demie sur la première feuille. — Gloses nombreuses interlinéaires à l'encre. — Ms. en très mauvais état.

XVIIIe siècle. Écriture mul. 27 olles de 590 × 60 mm., 3 l., 30 à 40 akṣ. (Missions étrangères.)

455

[*Kaccāyanappakaraṇa*.]

Fragment renfermant le commencement du Commentaire du *Nāmakappa*, depuis *dinavacanaṃ* jusqu'à *svāgataṃ te mahāvīra*. —

Une feuille, portant deux lignes de caractères črieṅ, paraît étrangère au ms.

XIXe siècle. Écriture mul. 6 olles de 565 × 60 mm., 3 l., 35 à 45 akṣ. (Missions étrangères.)

456

[*Kaccāyanappakaraṇa.*]

Deuxième partie du *Nāmakappa*. — Début du ms. : *Tumheṁhi namākaṃ* ||. Fin : *Ete hī tikimatthaṃ* || *puriso* || || et, en caractères très cursifs, non noircis : *Iti nāmakappe catuttho* (plutôt *pañcamo*) *kaṇḍo*. — Pāli-siamois.

XVIIIe siècle. Écriture mul. 23 olles de 545 × 50 mm., 3 et 4 l., 40 à 50 akṣ. (Missions étrangères.)

457

[*Kaccāyanappakaraṇa.*]

Fascicule renfermant la deuxième partie du *Nāmakappa* et commençant par les derniers mots de la 1re partie : *akammantassa ca*... — Le début du troisième *kuṇḍa* n'est qu'à la 3e ligne : *tumhamhehinamākaṃ*... et cependant le cahier portant le titre : *Mullakaccāyananāma phūk 2*, n'est probablement pas un fragment. — Texte disposé comme celui des mss. précédents. — Pāli-siamois.

XIXe siècle. Écriture mul. 21 olles de 555 × 50 mm., 3 et 4 l., 35 à 40 akṣ. (Missions étrangères.)

458

[*Kaccāyanappakaraṇa.*]

Samāsakaccāyana phūk 4, fascicule renfermant le commentaire du *Samāsakappa*, troisième partie de la Grammaire de Kaccāyana, commençant par : *Nāmānaṃ samāso yuttattho* et finisssant par : *Iti samāsakappe sattano kaṇḍo*. — Pāli-siamois.

XIXe siècle. Écriture mul. 27 olles de 545 × 50 mm., 3 et 4 l., 15 à 50 akṣ. (Missions étrangères.)

459

[*Kaccāyanappakaraṇa.*]

Fascicule intitulé : *Mūllakacāyyasamāssa* et renfermant le commentaire du *Samāsakappa.* — Début : *Nāmānaṃ samāso yuttattho...* et fin : *Iti samāsakappe sattamo kaṇḍo.* — Pāli-siamois. Nombreuses annotations à l'encre. — Voir le numéro précédent. — Le petit texte paraît différent.

XIXe siècle. Écriture mul. 26 olles de 540 × 50 mm., 3 et 4 l., 40 à 50 akṣ. (Missions étrangères.)

460

[*Kaccāyanappakaraṇa.*]

Samāsakaccāyya phūk 4. — Cahier semblable aux nos 458 et 459. — Pāli-siamois. — Écriture peu soignée.

XVIIIe siècle. Écriture mul. 22 olles de 545 × 50 mm., 3 et 4 l., 50 à 60 akṣ. (Missions étrangères.)

461

[*Kaccāyanappakaraṇa.*]

Fascicule intitulé *Mūllakaccāyaṇa samāsa*, semblable aux précédents et renfermant le Commentaire du *Samāsakappa.* — Lacune de 5 olles.

XVIIIe siècle. Écriture mul. 24 olles de 565 × 60 mm., 3 et 4., 40 à 50 akṣ. (Missions étrangères.)

462

[*Kaccāyanappakaraṇa.*]

Commentaire du *Samāsakappa*, troisième partie de la Grammaire de Kaccāyana, en assez mauvais état. — Le texte, disposé par colonnes, a été complété par des feuillets pris ailleurs. — Voir les numéros précédents.

La dernière mention est : *Iti samāsakappe sattamo kaṇḍo.*

Incomplet; titre en siamois.

XVIIIe siècle. Écriture mul et črieṅ. 24 olles de 560 × 50 mm., 5 l., 20 à 35 akṣ. (Missions étrangères.)

463

[*Kaccāyanappakaraṇa.*]

Fascicule semblable aux précédents, intitulé : *Sanna paccamūna phūk 1*, renfermant le Commentaire du *Sandhikappa*.

XVIIIe siècle. Écriture mul. 20 olles de 570 × 55 mm., 3 et 4 l., 12 à 45 akṣ. (Missions étrangères.)

464

[*Kaccāyanappakaraṇa.*]

Mūllakaccāyyatadita, ou commentaire du *Taddhitakappa*. — Mention finale : *Iti taddhitakappe aṭhamo kaṇḍo*. — Pāli-siamois.

XVIIIe siècle. Écriture mul. 35 olles de 550 × 50 mm., 3 et 4 l., 35 à 45 akṣ. (Missions étrangères.)

465

[*Kaccāyanappakaraṇa.*]

Fascicule semblable au précédent : *Taddhitakappa*. — Différences dans le petit texte. — Pāli-siamois.

XIXe siècle. Écriture mul. 27 olles de 545 × 50 mm., 3 et 4 l., 40 à 50 akṣ. (Missions étrangères.)

466

[*Kaccāyanappakaraṇa.*]

Taddhi[ta]kaccāyana [kappa].

XVIIIe siècle. Écriture mul. 26 olles de 540 × 55 mm., 3 et 4 l., 35 à 45 akṣ. (Missions étrangères.)

467

[*Kaccāyanappakaraṇa.*]

Taddhitakaccayana [kappa].

XVIIIe siècle. Écriture mul. 23 olles de 560 × 55 mm., 3 et 4
50 akṣ. (Missions étrangères.)

468

[*Kaccāyanappakaraṇa.*]

Taddhita[kappa]. — Cahier semblable aux précédents. Texte mul sur deux lignes, texte en črien sur 3 lignes.

XVIII° siècle. Écriture mul. 39 olles de 535 × 45 mm., 2 et 3 l., 30 à 40 akṣ. (Missions étrangères.)

469

[*Kaccāyanappakaraṇa.*]

Mūllakaccāyanataddhita. — Cahier semblable aux précédents, sans petit texte siamois interligné.

XIX° siècle. Écriture mul. 33 olles de 550 × 55 mm., 3 l., 45 à 50 akṣ. (Missions étrangères.)

470

[*Kaccāyanappakaraṇa.*]

Mūllakaccāyana ākhyāta phūk 6. — Cahier ayant sa pagination spéciale et numéroté 6, sans doute à cause du dédoublement de la 2° section, qui compte pour deux. — Pāli-siamois.

XVIII° siècle. Écriture mul. 27 olles de 537 × 49 mm., 3 l., 45 à 55 aks. (Missions étrangères.)

471

[*Kaccāyanappakaraṇa.*]

Mūllakaccāyana ākhyāti phūk 6. — Voir le numéro précédent.

XVIII° siècle. Écriture mul. 32 olles de 560 × 55 mm., 3 et 4 l., 40 à 50 akṣ. (Missions étrangères.)

472

[*Kaccāyanappakaraṇa.*]

Mullakaccāyaṇa ākhyāta paripuṇṇa. — Même texte que les numéros 470 et 471. — Pāli-siamois.

XVIII° siècle. Écriture mul. 29 olles de 545 × 60 mm., 3 et 4 l., 35 à 40 akṣ. (Missions étrangères.)

473

[*Kaccāyanappakaraṇa.*]

Mūllakaccāyaṇa ākhyāta cya paripuṇṇo. — Voir les numéros précédents.

XVIIIe siècle. Écriture mul. 29 olles de 570×55 mm., 3 et 4 l., 15 à 45 akṣ. (Missions étrangères.)

474

[*Kaccāyanappakaraṇa.*]

I. *Mūllakritti cya paripūṇṇa doni lë phūk 7.* — II. *Uṇāta kaccāyana phūk 8.* — III. *Kārakakaccāyana phūk 9 paripuṇṇa.*—Trois fascicules écrits avec soin, se suivant par leur pagination et les textes qu'ils renferment, qui sont les commentaires des 6e, 7e et 8e parties de la Grammaire de Kaccāyana. Ils sont numérotés 7, 8 et 9 à cause du dédoublement de la 2e partie (*Nāmakappa*). — Pāli-siamois.

XVIIIe siècle. Écriture mul. 91 olles de 525×45 mm., 3 et 4 l., 50 à 60 akṣ. (Missions étrangères.)

475

[*Kaccāyanappakaraṇa.*]

I. *Uṇātakaccāyana phūk 8.* — II. *Mūllakaccāyanakārakka phūk 10* (=9?).

Le cahier I est identique au cahier correspondant du numéro précédent. — II. Commentaire de la 8e section (*kārakakappa*), semblable à celui du numéro précédent. — Quelques différences dans le petit texte. — Mention finale : *Iti kārakkakappe chaṭṭho kaṇḍo.*

XVIIIe siècle. Écriture mul. 46 olles de 535 × 60 mm., 3 et 4 l., 40 à 50 akṣ. (Missions étrangères.)

476

[*Kaccāyanappakaraṇa.*]

Titre : *Mūllakaccāyaṇa kritta phūk 7.*

L'introduction manque et le ms. commence par : *Dhātuyākammādimhino*. — Cinq olles blanches entre le titre et le texte.

XIXe siècle. Écriture mul. 4 olles de 535 × 55 mm., 3 et 4 l., 35 à 45 akṣ. (Missions étrangères.)

477

[*Kaccāyanappakaraṇa.*]

Titre : *Mūllakritti cya paripuṇṇa doni lë || phūk 7*. — Cahier en tout semblable au précédent.

XVIIe siècle. Écriture mul. 32 olles de 570 × 55 mm., 3 et 4 l., 45 à 55 akṣ. (Missions étrangères.)

478

[*Kaccāyanappakaraṇa.*]

Fascicule intitulé : *Mūllakaccāyyana krita paripuṇṇa* et renfermant le *Kiñcidhānakappa* de la Grammaire de Kaccāyana. — Pāli-siamois. — Voir les numéros précédents.

XVIIIe siècle. Écriture mul. 34 olles de 540 × 50 mm., 3 et 4 l., 12 à 50 akṣ. (Missions étrangères.)

479

[*Kaccāyanappakaraṇa.*]

Mūllakaccāyanakrita, kiñcidhānakappa. — Semblable au précédent.

XVIIIe siècle. Écriture mul. 36 olles de 550 × 55 mm., 3 et 4 l., 40 à 50 akṣ. (Missions étrangères.)

480

[*Kaccāyanappakaraṇa.*]

Fascicule intitulé : *Mūllakaccāya*[*na*] *uṇṇāta phūk 6*, renfermant l'*Uṇādikappa*. — Même disposition que les numéros précédents, le petit texte manque (ou ne se lit que de loin en loin) et n'a pas été noirci.

XVIIIe siècle. Écriture mul. 30 olles de 550 × 55 mm., 3 l., 35 à 45 akṣ. (Missions étrangères.)

481

[*Kaccāyanappakaraṇa.*]

Mūllakaccāya kāraka = *Kārakakappa.* — Comme dans le numéro précédent le petit texte n'est ajouté que de place en place et n'a pas même été noirci.

XVIIIe siècle. Écriture mul. 27 olles de 550 × 55 mm., 3 (et 4) l., 45 à 50 akṣ. (Missions étrangères.)

482

[*Kaccāyanappakaraṇa.*]

Dhātu ākhyāta[ka]ppa paripuṇṇā, renfermant les formes verbales, rangées sur deux colonnes, écrites en grands caractères mul, avec une glose siamoise en črieṅ.

XIXe siècle. Écriture mul. 17 olles de 540 × 55 mm., 5 l., 3 à 30 akṣ. (Missions étrangères.)

483

[*Kaccāyanappakaraṇa.*]

Fascicule intitulé : *Bra dhātu uṇādi kaccāyana paripuṇṇa*, renfermant une liste de 424 noms ou termes disposés comme dans le ms. précédent. — Pāli-siamois.

XIXe siècle. Écriture mul. 29 olles de 525 × 45 mm., 5 l., 2 à 40 akṣ. (Missions étrangères.)

484

[*Kaccāyanappakaraṇa.*]

Titre : *Bra dhātu uṇādi kaccayāna paripuṇṇā.* — Ms. identique, page pour page, au précédent.

XIXe siècle. Écriture mul. 29 olles de 545 × 50 mm., 5 l., 2 à 40 akṣ. (Missions étrangères.)

485

[*Kaccāyanappakaraṇa.*]

Deux fascicules se suivant par la pagination : I. *Dhātu ākhyāta* (fol. *ka-kaṃ*). — II. *Dhātu uṇādi* (fol. *kaḥ-go*).

XIXe siècle. Écriture mul. 43 olles de 555 × 50 mm., 5 l., 2 à 45 akṣ. (Missions étrangères.)

486

[*Kaccāyanappakaraṇa.*]

Notes de la main de Burnouf (sur le bois d'une des couvertures) : « *Sandhikappa*. Grammaire pâlie, en pâli. — 2 juin 1833 (254 fr.). E. Burnouf » (Note sur papier collée sur le bois de l'autre couverture :) « *Sandhikappa*, Théorie du Sandhi, grammaire de la langue pâli, en six livres, dont le premier traite du *Sandhi*, et d'où l'ouvrage entier a tiré son nom ; ce beau et précieux manuscrit n'est connu en Europe que par son titre qui est donné dans la collection des livres singhalais d'Upham (t. III, p. 174). » — Sur l'olle de titre, on lit, en caractères grossièrement tracés : « My dear Temple, will you ».

XIXe siècle. Écriture singhalaise. 48 olles de 465 × 55 mm., 9 l., 40 à 50 akṣ. (Burnouf, n° 154.)

487

I. *Dhātupāṭha.*

Liste de racines. — N° 66 de Grimblot.

II. *Kaccāyana dhātu mañjusā.*

Petit traité sur les racines publié par Clough. — N° 64 de Grimblot.

XIXe siècle. Écriture singhalaise. 11 olles de 568 × 55 mm., 9 l., 40 à 75 akṣ. (Grimblot, n°s 64 et 66.)

488

Dhātvatthadīpaka.

Commentaire très détaillé sur le *Kaccāyana dhātu mañjusā*, par

Aggadhamma, d'après la mention écrite en marge de la dernière olle :

Kuḷirakandare gāme || *marapurānapacchime* ||
Kato ayaṃ Aggadhammena || *sakkarāje manodipe* ||.

1848. Écriture birmane. 24 olles, paginées 158-173, de 495 × 55 mm., 10 l., 20 à 40 akṣ. (Grimblot, n° 68.)

489

Abhidhāna-ppadīpikā, par Moggallāna.

Grammaire pālie publiée par Clough, Colombo, 1824, et Waskaduwe Subhūti, Colombo, 1865; 2ᵉ éd. *ibid.*, 1883. — Voir *Catalogue of sanscrit and pali books in the British Museum*, Londres, 1876, p. 26 et 89, et *Catalogue of sanskrit, pali, and prakrit books in the British Museum*, Londres 1893, p. 235.

XIXᵉ siècle. Écriture birmane. 38 olles de 495 × 55 mm., 10 l., 20 à 40 akṣ. (Grimblot, n° 69.)

490

Abhidhāna-ppadīpikā, par Moggallāna.

Même ouvrage que le précédent. — Pāli-singhalais.

XVIIIᵉ siècle. Écriture singhalaise. 128 olles de 460 × 60 mm., 9 l., 35 à 45 akṣ. (Grimblot, n° 70.)

491

Abhidhāna-ppadīpikā-ṭīkā.

Commentaire de l'*Abhidhāna-ppadīpikā*.

XIXᵉ siècle. Écriture singhalaise. 121 olles de 540 × 60 mm., 10 l., 30 à 63 akṣ. (Grimblot, n° 72.)

492

Abhidhāna-ppadīpikā.

Note de la main de Burnouf, collée sur le bois de la couverture : « *Abhidhâna-ppadîpika* ou le flambeau des mots. Vocabulaire pâli, le même qui a été publié par Clough dans sa *Pali Grammar*. Dans ce ms. le texte du vocabulaire est expliqué en barman, souvent avec de grands détails. Ce volume contient donc une synonimie pali et barmane complette ». Sur le bois lui-même on lit : « Manuscrit pour M. Burnouf, rue de l'École de Médecine, 13 ».

XVIIIe siècle. Écriture birmane. 189 olles de 495 × 55 mm., 9 l., 30 à 60 akṣ. (Burnouf, n° 135.)

493

Abhidhāna-ppadīpikā-ṭīkā.

Lacune de 70 feuillets au commencement. — Les premiers mots du texte sont : *yayaṃ* || *ampa sadde kattari aro.*

1788. Écriture birmane. 116 olles de 485 × 60 mm., 9 l., 30 à 50 akṣ. (Grimblot, n° 73.)

494

I. *Akkharakosa purāṇa.*

Début : *Namo tassa... kakāto karuna...* — Fin : *Aṃkaraṃ abbuti ...* || *abbusattam upikkhataṃ abbupekkhaṃ samāgantvā* || *aporepāka to muni Akkharakosa pāḷi.*

II. *Akkharakosanavapāli.*

Rédaction plus moderne de l'*Akkharakosapurāṇa.*
Début : *Namo tassa... Ekānta sāradaṃ sitthaṃ.* — Fin : *Ukāro byañjane dhātu* || *yadune antumadha ve* || *bindu nāma vibhattīsu* || *niggahītassa kārisetisiddhim Nibbāna paccayo hotu.*

III. *Ekakkharakosa-ṭīkā.*

Commentaire sur l'*Akkharakosanavapāli*, par Saddhamma-kittithera, ouvrage moderne où sont cités les ouvrages suivants : *Rūpasiddhi, Saddanīti, Abhidhānappadīpikā, tāttīkā, Dhātupāṭha*, etc. — Le ms. est très incorrect. — Voir *Catalogue of sanskrit and pali books in the British Museum*, p. 89, éd. 1876, *s. v.* Moggallāna.

XIXe siècle. Écriture singhalaise. 2, 4 et 50 olles de 565 × 55 mm., 7 à 9 l., 30 à 60 akṣ. (Grimblot, n° 77.)

495

Cūla-nirutti.

Petit commentaire sur la grammaire de *Kaccāyana*, qui n'en contient pas les *sūtras*.

XIXe siècle. Écriture singhalaise. 15 olles de 470 × 55 mm., 8 l., 25 à 60 akṣ. (Grimblot, no 86.)

496

Rūpasiddhipakaraṇa.

Commentaire très ancien sur les aphorismes de Kaccāyana, par Dīpaṃkara, surnommé Buddhappiya. — Publié à Colombo, en 1880. (Voir *Catalogue of sanskrit, pali, and prakrit books in the British Museum* Londres, 1893, p. 95.) — Turnour dans son *Introduction* au *Mahāvaṃso* (p. 26) en a publié et traduit le commencement et la fin.

XIXe siècle. Écriture singhalaise. 102 olles de 540 × 60 mm., 9 l., 30 à 60 akṣ. (Grimblot, no 87.)

497

Rūpasiddhi.

Même ouvrage que le précédent. — Exemplaire de Burnouf. Sur la couverture on lit cette note, écrite de sa main : « *Rūpasiddhi*. La perfection des formes. Grammaire pâlie, en pâli, avec un commentaire dans la même langue; ouvrage attribué à Kâlyâna, savant grammairien contemporain de Çâkyamuni. Sur ce précieux et ancien ouvrage, voy. Turnour, *Mahâv.*, préf. ».

XIXe siècle. Écriture singhalaise. 138 olles de 455 × 60 mm., 8 à 9 l., 20 à 45 akṣ. (Burnouf, no 144.)

498

I. *Kaccāyana-bheda.*

II. *Kaccāyana-bheda-purāṇa-ṭīkā*

Commentaire de l'ouvrage précédent.

XIXe siècle. Écriture singhalaise. 5 et 17 olles de 540 × 60 mm, 10 l., 30 à 65 akṣ. (Grimblot, n° 94.)

499

I. *Kaccāyana-bheda-ppakaraṇa.*

Voir le n° 478 I. — La date en chiffres européens 2391, 10/21 (= 10^e mois 21e jour), correspond à 1848 de J.-C.

II. *Gandhābharaṇa*[*sāra*].

XIXe siècle. Écriture singhalaise. 12 et 7 olles de 275 × 45 mm., 7 l., 25 à 30 akṣ. (Grimblot, n° 93.)

500

I. *Kaccāyana-sāra.*

Petit traité de grammaire, mentionné par d'Alwis dans son *Introduction to Kaccāyana's Grammar* (5 fol.).

II. *Kaccāyana-yojanā.*

Commentaire sur l'ouvrage précédent (18 fol.).

III. *Kaccāyana-sāra-ṭīkā.*

Autre commentaire sur le même ouvrage. — Voir d'Alwis, *Introduction to Kaccāyana's Grammar*, p. 115. — Le ms. finit au chapitre *täddhita-niddesa* (27 fol.).

XIXe siècle. Écriture singhalaise. 50 olles de 330 × 55 mm., 8 l., 15 à 40 akṣ. (Grimblot, n°s 97 et 98.)

501

[*Kaccāyanappakaraṇa.*]

Titre : *Mullakaccāyananāmma phūk 2.* — Fascicule renfermant le *Nāmakappa.* — Même disposition et provenance que les mss. 424 et suivants. — Pāli-siamois.

XVIIIe siècle. Écriture mul. 27 olles de 570 × 55 mm., 3 et 4 l., 30 à akṣ. (Missions étrangères.)

502

Yojanāmūllakaccāyanasandhi.

Traité sur le *Sandhi, phūk 1*. — Mention finale : *Iti sandhirūpa dīpani samattā.*

XVIIIe siècle. Écriture mul. 45 olles de 562 × 56 mm., 5 l., 20 à 55 akṣ. (Missions étrangères.)

503

Yojanāmūlakaccāya[na]sandhi.

Ouvrage semblable au précédent, à quelques variantes près. — Mention finale : *Iti sandhirūpa dipani samattā.*

XVIIIe siècle. Écriture mul. 39 olles de 565 × 65 mm., 5 l., 40 à 45 akṣ. (Missions étrangères.)

504

Gandhaṭṭi.

Traité grammatical, notamment sur l'emploi des *nipātas.*

XIXe siècle. Écriture singhalaise. 10 olles de 330 × 55 mm., 8 l., 20 à 40 akṣ. (Grimblot, no 100.)

505

I. *Gandhābharaṇa-sāra.*
II. *Gandhābharaṇa-ṭīkā.*

Commentaire du précédent, composé par un çramaṇa de Vijayārāna, nommé Suvannarāsi, l'an 2128 du Nirvāṇa (= 1585 de J.-C.).

XIXe siècle. Écriture singhalaise. 54 olles de 425 × 60 mm., 9 l., 20 à 60 akṣ. (Grimblot, nos 101-102.)

506

[*Kaccāyanappakaraṇa.*]

Mūllakaccāyana ākhyāta pari[pu]ṇṇā phūk 6. — Cinquième section de la grammaire de Kaccāyana. — Pāli-siamois. — Nombreuses corrections à l'encre. — Voir le n° 470.

XVIIIe siècle. Écriture mul. 26 olles de 535 × 50 mm., 3 et 4 l., 20 à 50 akṣ. (Missions étrangères.)

507

I. *Bālappabodhanī.*
II. *Vicitrasāra.*

XIXe siècle. Écriture singhalaise. 22 olles, paginées 57-76, de 565 × 55 mm., 9 l., 20 à 85 akṣ. (Grimblot, n°s 103 et 104.)

508

Ṭīkā bālappabodhi.

Commentaire sur le *Bālappabodhi*, traité grammatical, *phūk 1*.

XVIIIe siècle. Écriture mul. 26 olles, 570 × 55 mm., 5 l., 45 à 55 akṣ. (Ancien fonds n° 110.)

509

[*Kaccāyanappakaraṇa.*]

Nāmakappa. — Nombreuses corrections à l'encre. — Pāli-siamois.

XVIIIe siècle. Écriture mul penchée et cursive. 21 olles de 550 × 55 mm., 3 et 4 l., 15 à 45 akṣ. (Missions étrangères.)

510

I. *Saddatthabhedacintā.*

Traité de grammaire, probablement d'après l'école de Moggallāyana. — Les *Bālāvatārā*, *Kaccāyana*, *Nyāsa* et *Kālāpādi* y sont cités.

II. *Sadatthabhedacintāṭīkā* ou *Gulhasārasaddatthabheda.*

Commentaire de l'ouvrage précédent.

XIXe siècle. Écriture singhalaise. 57 olles de 565 × 55 mm., 9 l., 25 à 65 akṣ. (Grimblot, n°s 105 et 106.)

511

Saddhasāratthajālinī.

Traité grammatical. — Pāli-siamois.

XVIIIe siècle. Écriture mul. 34 olles de 540 × 35 mm., 3 à 5 l., 35 à 45 akṣ. (Missions étrangères.)

512

[*Kaccāyanappakaraṇa.*]

Fascicule sans titre, renfermant le *Nāmakappa.* — Pāli-siamois. — Nombreuses corrections à l'encre.

XVIIIe siècle. Écriture mul. 30 olles de 550 × 50 mm., 3 et 4 l., 40 à 50 akṣ. (Missions étrangères.)

513

Mūllaviggahasamāssa, *phūk* 3.

Traité de grammaire, 3e partie, relative à la composition des mots (*samāsa*).

XVIIIe siècle. Écriture mul. 8 olles de 540 × 55 mm., 5 l., 30 à 40 akṣ. (Missions étrangères.)

514

I. *Vuttodayapāḷi.*

Traité de métrique, par Saṃgharakkhita (*Mahāsamithero*). — A la suite se trouve une copie du même traité.

XIXe siècle. Écriture singhalaise. 6 olles de 538 × 62 mm., 10 l., 20 à 60 akṣ. (Grimblot, no 117.)

II. *Vuttodayaṭīkā.*

Commentaire sur l'ouvrage précédent. — L'exposition des mètres y est plus développée.

XIXe siècle. Écriture singhalaise. 11 olles de 540 × 60 mm., 10 l., 20 à 60 akṣ. (Grimblot, no 118.)

III. *Vuttodayaṭīkā* ou *Vacanatthajotika.*

Autre commentaire du *Vuttodaya.*

XIXe siècle. Écriture singhalaise. 17 olles de 560 × 60 mm., 10 l., 20 à 60 akṣ. (Grimblot, n° 119.)

IV. *Kavisāraṭīkā.*

Grand commentaire sur le *Vuttodaya,* écrit par Dhammananda à Haṃsāvatī.

XIXe siècle Écriture singhalaise. 51 olles de 540 × 60 mm., 10 l., 20 à 60 akṣ. (Grimblot, n° 120.)

515

Moggallāyana-vyākaraṇa-vutti.

Grammaire pālie, par Moggallāna ; les trois premières sections.

XIXe siècle. Écriture singhalaise. 40 olles de 330 × 45 mm., 8 l., 20 à 50 akṣ. (Grimblot, n° 113.)

516

Moggalānaya-ada-sadāna.

Commentaire sur l'ouvrage précédent.

XIXe siècle. Écriture singhalaise. 24 olles de 580 × 60 mm., 10 l., 30 à 80 akṣ. (Grimblot, n° 115.)

517

Rūpa-māla (*Varane gilla*).

Traité sur la déclinaison et les noms de nombres.

XIXe siècle. Écriture singhalaise. 7 olles de 565 × 60 mm., 12 l., 3 col., 30 à 70 akṣ. (Grimblot, n° 116.)

518

I. *Gandhābharaṇasāra.*

Traité grammatical. — Diffère du n° 505 I en ce que le premier vers de ce ms. manque ici.

II. *Sambandhacintā.*

Autre traité grammatical, commençant, olle 4, l. 5, par ces mots : *Visarāpārasāgaranto*... et finissant par ceux-ci : *Yoganiccham moggalānam.*

XIXe siècle. Écriture singhalaise. 13 olles de 480 × 60 mm., 8 l., 45 à 60 akṣ. (Grimblot, no 110.)

519

Sambandhacintā.

Traité grammatical. — Voir le no 518 II.

XIXe siècle. Écriture singhalaise. 9 olles de 400 × 55 mm., 9 l., 20 à 65 akṣ. (Grimblot, no 111.)

520

I. *Sambandhacintā.*

Cf. les nos 518 II et 519.

II. *Sambandhacintaṭīkā.*

Commentaire de l'ouvrage précédent.

XIXe siècle. Écriture singhalaise. 25 olles de 565 × 55 mm., 28 à 60 akṣ. (Grimblot, nos 109 et 112.)

521

[*Kaccāyanappakaraṇa.*] *Codasandhivibhattināma.*

Traité grammatical renfermant le *Sandhi*° et le *Nāmakappa* de la Grammaire de Kaccāyana, suivis d'un tableau des désinences verbales. — Texte pāli et siamois.

XIXe siècle. Écriture mul. 17 olles de 550 × 50 mm., 3 et 5 l., 35 à 45 akṣ. (Missions étrangères.)

522

[*Kaccāyanappakaraṇa.*] *Coddhasnadi* (sic) *vibhattināma.*

Texte grammatical assez semblable au précédent et disposé à

peu près de même. — Les lettres servant à la pagination paraissent former un sens : *I-ti-pi-so-bha-tta.* Le tableau des désinences verbales n'est pas suivi d'un épilogue comme dans le ms. précédent. Vœu en siamois, à la fin, sur une olle séparée. — Pāli-siamois.

XVIIIe siècle. Écriture mul. 7 olles de 545 × 55 mm., 3 à 5 l., 30 à 50 akṣ. (Missions étrangères.)

523

Codavibhattināmavibhatti ākhyāta.

Texte grammatical, où le *Sandhi* et le *Nāmakappa* sont représentés, ainsi qu'un tableau des formes verbales. — Voir les n°s 521 et 522. — Pāli-siamois.

XIXe siècle. Écriture mul. 13 olles de 545 × 50 mm., 3 à 5 l., 30 à 50 akṣ. (Missions étrangères.)

524

Coddhavibhattināma vibhatti ākhyāta.

Texte grammatical semblable aux précédents. — Pāli-siamois.

XVIIIe siècle. Écriture mul. 11 olles de 545 × 60 mm., 3 et 5 l., 25 à 40 akṣ. (Missions étrangères.)

525

Codavidhivibhattināma.

Ouvrage assez semblable aux précédents, malgré la différence de titre. Il possède en plus un tableau en écriture ĕrieṅ relatif aux voyelles. La troisième partie se réduit au tableau des désinences et l'épilogue a été ajouté à l'encre sur le verso de la dernière feuille. — Pāli-siamois.

XIXe siècle. Écriture mul. 14 olles de 560 × 50 mm., 5 à 8 l., 25 à 50 akṣ. (Missions étrangères.)

526

Tho ceddhanayyannaṃ.

Deux feuilles renfermant un texte grammatical, commençant par *Akkharasañāto* et finissant par : *tatra viveka nai disaṅgunna.*

XVIIIe siècle. Écriture mul. 3 olles de 570 × 55 mm., 3 l., 30 à 45 akṣ. (Ancien fonds n° 69.)

527

Kaccāyanappakaraṇa.

Sandhikappa.

XVIIIe siècle. Écriture singhalaise. 75 olles de 420 × 60 mm., 7 l., 20 à 45 akṣ. (Grimblot, n° 81.)

528

Sammohavighātani.

Commentaire sur le *Sandhikappa.* — Voir le n° **443**.

XVIIIe siècle. Écriture singhalaise. 118 olles de 400 × 55 mm., 40 à 50 akṣ. (Grimblot, n° 82.)

529

Ek'akkhara kosa.

Traité grammatical.

XIXe siècle. Écriture singhalaise. 8 olles de 345 × 65 mm., 11 l., 30 à 60 akṣ. (Grimblot, n° 529.)

530

Abhidhānappadīpikāṭīkā.

Commentaire de la Grammaire de Moggallāna. Voir le n° **491**.

XVIIIe siècle. Écriture singhalaise. 107 olles de 535 × 60 mm., 9 l., 60 à 70 akṣ. (Grimblot, n° 71.)

531

I. *Saddasāratthajalinī.*

Texte grammatical.

II. *Saddasāratthajalinīṭīkā.*

Commentaire sur l'ouvrage précédent.

XIXe siècle. Écriture singhalaise. 71 olles de 425 × 55 mm., 9 l., 20 à 50 akṣ. (Grimblot, n°s 107 et 108.)

532

Kaccāyanabhedanavaṭīkā.

XIXe siècle. Écriture singhalaise. 150 olles de 377 × 53 mm., 9 l., 15 à 50 akṣ. (Grimblot, n° 95.)

533

Kaccāyanabhedanavaṭīkā.

XIXe siècle. Écriture singhalaise. 112 olles de 607 × 65 mm., 8 l., 20 à 85 akṣ. (Grimblot, n° 96.)

534

Bālāvatāra.

Grammaire élémentaire.

XVIIIe siècle. Écriture singhalaise. 40 olles de 420 × 51 mm., 7 à 8 l., 20 à 45 akṣ. (Grimblot, n° 88.)

535

Bālāvatāra.

XVIIIe siècle. Écriture singhalaise. 28 olles de 432 × 55 mm., 9 et 10 l., 20 à 50 akṣ. (Grimblot, n° 89.)

536

Bālāvatāra.

XVIIIe siècle. Écriture singhalaise. 46 olles de 335 × 50 mm., 7 l., 40 à 50 akṣ. (Grimblot, n° 90.)

537

[*Mahā*]*saddanītippakaraṇa.*

XIXe siècle. Écriture singhalaise. 200 olles de 575 × 60 mm, 8 à 10 l., 30 à 60 akṣ. (Grimblot, no 91.)

538

Moggallāna-vutti ou *Vipulatthappakāsanī.*

XIXe siècle. Écriture singhalaise. 88 olles de 330 × 45 mm., 8 l., 15 à 35 akṣ. (Grimblot, no 114.)

539

Kaccāyana dhātu mañjusā.

Petit traité sur les racines. Voir le no 487. — Bien qu'on lise sur l'une des planchettes qui servent de couverture au ms. : « No 67, *Dhātu pāṭhā*; no 65, *Dhātu mañjūsā*. (Signé) P. Grimblot », le volume ne renferme que le *Dhātu mañjusā.*

XIXe siècle. Écriture singhalaise. 8 olles de 362 × 50 mm., 8 l., 45 à 55 akṣ. (Grimblot, nos 65 et 67.)

540

Abhidhānappadīpikā.

Note de la main de Burnouf (?) : « *Abhidhânappadîpikâ*, Illustration des mots, vocabulaire pāli, en pāli. 52 feuilles. Fonds Tolfrey no 2 ».

XVIIIe siècle. Écriture singhalaise. 52 olles de 370 × 50 mm., 5 l., 20 à 40 akṣ.

541

Syllabaire pāli, en caractères singhalais et mul, placés en regard l'un de l'autre.

XVIIIe siècle. Écriture singhalaise et mul. 7 olles de 400 × 55 mm, 6 l., 15 à 45 akṣ. (Tolfrey, no 10.)

542

Syllabaire pāli, en caractères singhalais.

Les signes, au nombre de 595, ont été numérotés en chiffres arabes.

XIXe siècle. Écriture singhalaise. 7 olles de 375 × 55 mm., 3 l., 12 à 16 akṣ. (Ancien fond pāli, 93.)

543

Sandhikappa nissaya.

1833. Écriture birmane. 69 olles de 490 × 55 mm., 7 l., 15 à 60 akṣ.

544

Fragment pāli-khmèr.

XIXe siècle. Écriture mul. 8 olles de 359 × 55 mm., 5 l., 25 à 30 akṣ. (Le manuscrit qui portait autrefois ce numéro a été réuni au no 593, dont il était une partie.)

545

Dhammasaṅgaṇi.

Premier livre de l'*Abhidhammapiṭaka.*

XVIIIe siècle. Écriture mul. 10 olles de 550 × 50 mm., 5 l., 25 à 35 akṣ. (Missions étrangères.)

546

[*Upāsakavinicchaya* (?).]

Commencement : *Namo tassa*... || || *Visalam* || ... *dhisam*... || *suvisuddham* ||

1814. Écriture birmane. 88 olles de 508 × 50 mm., 8 l., 20 à 50 akṣ. (L'ancien no 546 est devenu le no 31 du fonds Birman.)

547

I. *Mūlasikkhanissaya.*

II. *Jaṭilasatthevatthu.*

1667. Écriture birmane. 52 olles de 510 × 62 mm., 9 l. 20 à 50 akṣ.

548

Ratanā shvei khiaiṅ pāṭh anak.

Le « Pirit » ou Invocation aux Bouddhas antérieurs. — Pāli-birman.

Début : *Namo tassa...* || *Jayā saṇṇagatā* || *Buddhājitvā maraṃ savāsanaṃ.*

XIXe siècle. Écriture birmane. 9 olles de 345 × 55 mm., 7 l., 20 à 30 akṣ.

549

Fragment pāli-khmèr.

XIXe siècle. Écriture mul. 2 olles de 275 × 50 mm., 5 l., 20 à 30 akṣ. — (L'ancien n° 549 est devenu le n° 22 du fonds Birman.)

550

Mahārājasattaviniccaya.

Note de la main de Burnouf : « Mahârâdjasatta Viniccayo. Traité de législation, en pāli et en barman ».

1832. Écriture birmane. 75 olles de 490 × 55 mm., 7 l., 20 à 50 akṣ.

551

Manusāra.

Sur le vers de la 1re olle on lit : *Pathama tvai.*

XIXe siècle. Écriture birmane. 14 olles de 495 × 55 mm., 8 l., 20 à 50 akṣ.

552

[*Manusāra.*]

Pathama tvai. — Voir le numéro précédent.

XVIIe siècle. Écriture birmane. 13 olles de 495 × 55 mm., 9 l., 20 à 50 akṣ.

553

Manusāra.

Dutia puyiṅ. — Les 3 premières feuilles sont en birman, la suite est en pāli, avec une glose birmane.

XVIIIe siècle. Écriture birmane. 30 olles de 495 × 65 mm., 9 l., 20 à 50 akṣ.

554

[*Upāsakavinicсaya ?*]

Titre écrit sur la première olle : *Dasama tvai.*

XVIIIe siècle. Écriture birmane. 20 olles (dont une brisée) de 520 × 65 mm., 10 l., 20 à 60 akṣ.

555-556

Upāsakavinicсaya.

Première et cinquième divisions de ce texte, dont les 2e, 3e et 4e sont portées plus haut sous les n°s 380-382.

XVIIIe siècle. Ecriture birmane. 36 et 25 olles de 500 × 60 mm., 9 l., 35 à 45 akṣ.

557

Bahuṃsa-Cintamaṇimantana.

XIXe siècle. Écriture birmane. 20 olles de 510 × 60 mm., 9 l., 20 à 50 akṣ.

558

Aṭṭhasālinīṭīkā.

Commentaire du *Dhammasaṅgaṇi*, par Buddhaghosa, 2e fascicule.

Sur l'olle de titre on lit : *Mūlaṭika pab* || *tatiya tvaī* ||.

XIXe siècle. Écriture birmane. 35 olles de 495 × 60 mm., 8 l., 20 à 55 akṣ.

559

Surappakunna.

Traité médical.

XVIIIe siècle. Écriture birmane. 66 olles de 500 × 50 mm., 8 l., 20 à 60 akṣ.

560

Bhesajjamañjusa.

Note de la main de Burnouf, collée sur le bois de la couverture : « *Bhesadjamandjusa,* La corbeille des médicaments, ouvrage de médecine, composé en pâli et traduit en singhalais ; chaque mot du texte est répété dans la traduction singhalaise, qui est souvent très développée. La première feuille contient une table qui donne les noms, avec renvoi aux chapitres, des maladies traitées dans cet ouvrage. Ce beau et curieux volume est élégamment et correctement écrit ».

Incomplet de 17 olles.

XVIIIe siècle. Écriture singhalaise. 376 olles de 700 × 56 mm., 7 à 9 l., 55 à 65 akṣ. (Burnouf, n° 153.)

561

[*Mātuguṇa* (?)]

Titre : *Práḥ Mātŏkŭn.*

XIXe siècle. Écriture mul. 27 olles de 525 × 45 mm., 5 l., 55 à 65 akṣ. (L'ancien n° 561 est devenu le n° 19 du fonds Birman.)

562

Mahāsatta.

Sur la première olle, servant de garde, on lit (en écriture du XVIIIe s.) : « Une partie d'une des vies de Somanakhodom, appelée Mahachaat, la plus estimée des Siamois » et en écriture de la première moitié du XIXe s. : « en pali, car[actères] cambojiens ».

Pāli-siamois. — Les planchettes qui servent de couvertures sont laquées en rouge, avec ornements d'or.

XVIIe siècle. Écriture mul. 29 olles de 535 × 50 mm., 5 l., 35 à 45 akṣ. (Missions étrangères.)

563

Mahāsatta (?).

Sur le recto de la première olle on lit : « Peut-être la suite de *Mahachaat* (*Mahâsatta*), sansk. *Mahâsattwah*, un des noms du Bodhisattwa ».

Pāli-siamois. — Les planchettes servant de couverture sont laquées en rouge, et leurs bords ont des ornements d'or sur fond noir.

XVIIe siècle. Écriture mul. 23 olles de 535 × 45 mm., 5 l., 40 à 50 akṣ. (Missions étrangères.)

564

Mehipada (?).

XIXe siècle. Écriture singhalaise. 4 olles de 495 × 60 mm., 8 l., 30 à 60 akṣ.

565

Anisaṅga.

Pāli-siamois.

XVIIIe siècle. Écriture mul. 12 olles de 525 × 50 mm., 5 l., 35 à 45 akṣ. (Missions étrangères.)

566

Kāyanagara[*sūtra*].

Pāli-siamois.

XVIIIe siècle. Écriture črieṅ. 6 olles de 555 × 60 mm., 5 l., 55 à 65 akṣ. (Missions étrangères.)

567

[*Tīssarājavatthu* (?)].

Récit où il est question de Tissa, roi de Haṃsavatī, avec commentaire en siamois.

XVIIe siècle. Écriture mul. 19 olles de 540 × 50 mm., 5 l., 45 à 55 akṣ. (Missions étrangères.)

568

[*Dhanañjayaseṭhi.*]

Récit, sans mention de titre, dont les héros sont Dhamañjaya et Visākhā.

XVIIIe siècle. Écriture mul. 8 olles de 525 × 55 mm., 5 l., 45 à 55 akṣ. (Missions étrangères.)

569

Bra Saṅgayanāya (?).

Commentaire siamois d'un ouvrage pāli.

XVIIIe siècle Écriture mul penchée. 25 olles de 560 × 55 mm., 5 l., 50 à 60 akṣ. (Missions étrangères.)

570

Nāmmakappa braḥ dhamma, phūk 5-6-7.

Fragment grammatical.

XVIIIe siècle. Écriture črieṅ. 26 olles de 550 × 50 mm., 5 l., 75 à 85 akṣ. (Missions étrangères.)

571

[*Candakumārajātaka.*]

Fragment d'un commentaire siamois sur ce *jātaka*.

XVIIIe siècle. Écriture mul et črieṅ. 25 olles de 540 × 50 mm., 5 l., 55 à 65 akṣ. (Missions étrangères.)

572

Fragment d'une terminologie buddhique.

XVIIIe siècle. Écriture mul et črieň. 11 olles de 565 × 65 mm., 4 à 7 l., 40 à 60 akṣ. (Missions étrangères.)

573

Commentaire siamois d'un récit pāli, dont Prasenajit, roi de Kosala, est le héros. — Fragment.

Début : *Rājā passenadi kosalo...*

XVIIIe siècle. Écriture črieň. 6 olles de 560 × 55 mm., 5 l., 58 à 60 akṣ. (Missions étrangères.)

574

[*Bhūridatta?*.]

Fragment de six olles, dont l'écriture n'a pas été noircie, commençant par ces mots : *Alambayaenna Bodhisat tassa...*, finissant par : *Idheva ma.*

XIXe siècle. Écriture mul. 6 olles de 565 × 50 mm., 5 l., 20 à 45 akṣ. (Missions étrangères.)

575

Fragment d'un commentaire d'un ouvrage pāli.

Début : *Suddhimagga...*

Pāli-siamois. — Une feuille, couverte de caractères non noircis, n'appartient pas au ms.

XVIIIe siècle. Écriture mul. 14 olles de 525 × 45 mm., 5 l., 40 à 50 akṣ. (Missions étrangères.)

576

Commentaire siamois d'un ouvrage pāli.

Début : *Paccachchamaṭamamnajajajajaṅ?*

XVIIIe siècle. Écriture črieň. 16 olles de 590 × 60 mm., 5 l., 40 à 50 akṣ. (Missions étrangères.)

577

Paraphrase siamoise d'un ouvrage pāli.

Mention plusieurs fois répétée sur la feuille de titre : *Satekame-carape?*

XVIIIe siècle. Écriture črieṅ très cursive. 6 olles de 560 × 50 mm., 5 l., 35 à 45 akṣ. (Missions étrangères.)

578

Fragment sans titre, en siamois, entremêlé de mots pāli.

Début : *Varo piya rājā...*

XVIIIe siècle. Écriture mul. 16 olles de 570 × 55 mm., 5 l., 35 à 45 akṣ. (Missions étrangères.)

579

Fragments divers.

Début : *Tādā kāliṅgaratthe dunna vitha brāhmagāmavāsi jūjakho nāma brâhmano...*

XVIIIe siècle. Écriture mul et črieṅ. 7 olles de 550 à 555 × 50 à 55 mm., 5 l., 40 à 55 akṣ. (Missions étrangères.)

580

Fragment en pāli (caractères mul) et en siamois (cursif), commençant par : *Karo hati...* et finissant ainsi : *Okāntitthahi* | ... *piyo.*

XIXe siècle. Écriture mul. 13 olles de 350 × 50 mm., 5 l., 25 à 35 akṣ. (Missions étrangères.)

581

Feuilles détachées, ne se suivant généralement pas et

provenant d'exemplaires différents. On y lit les mentions suivantes :

1. *Bra Mahāsamayyasuttaṃ niṭṭhītaṃ* (fol. *ka*).
2. *Dhatuvandanagathā niṭhita*.
Sabbe namassa gāthā niṭhitā (fol. *nī* b).
3. *Iti Dhammacakkaṃ nithitaṃ*.

XIXe siècle. Écriture mul. 39 olles de 340 à 360 × 52 mm., 5 l., 20 à 30 akṣ. (Missions étrangères.)

582

Fragments sans suite, pālis et birmans.

XVIIIe siècle. Écriture birmane. 10 olles de 500 × 50 mm., 7 l., 35 à 45 akṣ.

583

Vatthu-gāthā (?).

Fragment pâli et birman.

XVIIIe siècle. Écriture birmane. 2 olles de 500 × 55 mm., 8 l., 35 à 40 akṣ. (Pāli-birman no 337.)

584

[*Kāccāyanappakaraṇa*.]

Fragment grammatical ayant pour titre : *Mulla sūta Kaccaya paripunna*. Texte pāli, sur deux colonnes, avec une traduction siamoise.

XVIIIe siècle. Écriture mul et črieṅ. 38 olles de 558 × 55 mm., 5 l., 20 à 50 akṣ. (Missions étrangères.)

585

Fragment pāli-siamois.

XVIIIe siècle. Écriture mul. 8 olles de 555 × 50 mm., 5 l., 35 à 45 akṣ. (Missions étrangères.)

586

Fragment grammatical.

Pāli-siamois. Texte écrit à l'encre sur deux colonnes.

XIXe siècle. Écritures mul et črieṅ. 6 olles de 565 × 50 mm., 5 l., 40 à 50 akṣ. (Missions étrangères.)

587

Fragment grammatical.

Pāli-siamois. Texte écrit à l'encre sur deux colonnes.

XIXe siècle. Écritures mul et črieṅ. 7 olles de 570 × 55 mm., 5 l., 25 à 45 akṣ. (Missions étrangères.)

588

Kammavāca (Fragment).

Et feuilles diverses sans suite, écrites à l'encre, en pāli et en siamois.

XIXe siècle. Écriture mul et črieṅ. 28 olles de 580 × 55 mm., 5 à 10 l., 30 à 90 akṣ.

589

Kaṭādānakandham (?), *phūk* 3.

Et feuilles diverses en siamois.

XIXe siècle. Écriture mul. 23 olles de 555 × 55 mm., 5 l., 20 à 50 akṣ. (Missions étrangères.)

590

Fragment grammatical (?).

Et feuilles diverses en pāli et en siamois, écrites à l'encre et au style.

XIXe siècle. Écritures mul et črieṅ, 41 olles de 560 × 55 mm., 5 l., 20 à 50 akṣ. (Missions étrangères.)

591

Fragments en pāli.

XIXᵉ siècle. Écriture mul. 16 olles de 550 × 55 mm., 5 l., 25 à 40 akṣ. (Missions étrangères.)

592

Fragment de *Jātaka* (?).

XIXᵉ siècle. Écriture mul. 10 olles de 257 × 50 mm., 5 l., 20 l., 20 à 30 akṣ. (Missions étrangères.)

593

Ānisaṃsa.

Fragment.

XIXᵉ siècle. Écritures mul et črieṅ. 5 olles de 580 × 55 mm., 5 l., 30 à 50 akṣ.

594

Kammavāca.

Plusieurs olles brisées.

XIXᵉ siècle. Écriture birmane-carrée. 24 olles vernies, dorées, ornementées, de 540 × 86 mm., 5 l., 13 à 25 akṣ.

595

Kammavāca.

Fragment. — Plusieurs olles brisées.

XIXᵉ siècle. Écriture birmane-carrée. 16 olles dorées, vernies, ornementées, de 525 × 95 mm., 5 l., 15 à 25 akṣ.

596

[*Paritta?*]

Collection d'hymnes et de sermons de même caractère extraits du *Tipiṭaka.*

XIXᵉ siècle. Écriture mul. 26 olles de 580 × 55 mm., 5 l., 30 à 40 akṣ.

597

I. *Paritta.*

Fragment.

XIXe siècle. Écriture mul. 9 olles de 570 × 50 mm., 5 l., 35 à 45 akṣ.

II. *Dhammacakkappavattana-sutta.*

Fragment.

XIXe siècle. Écriture mul. 2 olles de 570 × 50 mm., 5 l., 30 à 40 akṣ.

598

Paritta.

Fragments.

XVIIIe siècle. Écriture mul. 86 olles de 470 × 60 mm., 5 l., 35 à 45 akṣ. (Ancien Cambodgien 26.)

599

Paritta.

Fragment.

XVIIIe siècle. Écriture mul. 147 olles de 540 × 45 mm., 5 l., 40 à 50 akṣ. (Silvestre.)

600

Paritta.

Fragment.

XVIIIe siècle. Écriture mul. 39 olles de 285 × 50 mm., 5 l., 20 à 35 akṣ. (Hennecart.)

601

I. *Mahāsamayasutta* du *Paritta.*

II. *Ākāravagga.*

Fragment.

XIXe siècle. Écriture mul. 16 olles de 280 × 50 mm., 5 l., 20 à 25 akṣ. (Hennecart.)

602

Ākāravagga.

XVIIIe siècle. Écriture mul. 31 olles de 280 × 50 mm., 6 l., 25 à 30 akṣ. (Hennecart.)

603

Pātimokkha.

XVIIIe siècle. Écriture mul. 51 olles de 340 × 45 mm., 5 l., 30 à 40 akṣ. (Silvestre.)

604

Pātimokkha.

Fragment.

XIXe siècle. Écriture mul. 30 olles de 245 × 40 mm., 5 l., 25 à 35 akṣ. (Silvestre.)

605

Pātimokkha.

Fragment.

XIXe sièccle. Écriture crieṅ. 74 olles de 170 × 45 mm., 5 l., 25 à 35 akṣ. (Hennecart.)

606

Siddhanta-parivāsa.

XVIIIe siècle. Écriture mul. 15 olles de 325 × 55 mm., 5 l., 25 à 35 akṣ. (Hennecart.)

607

Cūla-siddhanta-parivāsa.

XVIIIe siècle. Écriture mul. 37 olles de 265 × 55 mm., 5 l., 30 à 35 akṣ. (Hennecart.)

608

Fragment en pāli.

XVIIIe siècle. Écriture mul. 29 olles de 550 × 45 mm., 5 l., 40 à 50 akṣ. (Hennecart.)

609

I. *Mahāpaṭṭhāna.*

II. *Girimānandasutta.*

Et plusieurs feuilles détachées.

XVIIIe siècle. Écriture mul. 30 olles de 215 à 255 × 35 à 55 mm., 4 et 5 l., 15 à 30 akṣ. (Hennecart.)

610

Girimānandasutta.

XVIIIe siècle. Écriture mul. 12 olles de 335 × 45 5 l., 25 à 35 akṣ. (Silvestre.)

611

Fragment en pāli.

XVIIIe siècle. Écriture mul. 10 olles de 335 × 45 mm., 5 l., 25 à 35 akṣ. (Silvestre.)

612

Feuilles diverses en pāli.

XIXe siècle. Écriture mul. 9 olles de 390 à 555 × 55 à 66 mm., 5 l., 20 à 45 akṣ. (Lorgeou.)

613

« *The New Testament of Our Lord and Saviour Jesus-Christ.* »

« Translated into Pāli. From the 1st to the 7th Chapter

of the Gospel of St. Matthew inclusive. Colombo, Wesleyan Mission House. »

XIXe siècle. Écriture birmane. Papier européen, 24 pages de 200 × 125, numérotées 201-224, 17 l., 15 à 20 akṣ.

614

Paññākathana.

Pāli et birman.

1850. Écriture birmane. 227 olles de 475 × 45 mm., 8 l., 20 à 50 akṣ.

615

Buddhavaṃsa.

Trois fascicules de ce texte avec un commentaire (1er et 14e fascicules du *Buddhavaṃsa* ; 14e fascicule du commentaire).

XVIIIe siècle. Écriture mul. 80 olles de 580 × 45 mm., 5 l., 50 à 60 akṣ. Sur une des olles : « Don du capitaine Saurez, provenant d'un missionnaire du royaume de Siam, qui le tenait d'un illustre Talapoin converti au Catholicisme. »

616

Sārasaṅgaha.

Quatrième fascicule d'un ouvrage extra-canonique, formé d'extraits de différents recueils du *Tipiṭaka*. — Le commencement de ce fascicule se trouve à la l. 4 du feuillet *ca* du n° 296, et en comble une lacune en partie.

XIXe siècle. Écriture mul. 32 olles de 585 × 55 mm., 5 l., 40 à 50 akṣ.

617

Cariyāpiṭaka.

XVe section du *Khuddaka-nikāya*.

XIXe siècle. Écriture birmane. 16 olles de 495 × 65 mm., 9 l., 30 à 45 akṣ. (Bigandet.)

618

Pācittiya.

2e partie du *Vinayapiṭaka.*

11 fascicules numérotés 1-10, 13, se suivant régulièrement. — Les fascicules 11 et 12 manquent.

XIXe siècle. Écriture mul. 276 olles (111 blanches) de 500 × 55 mm., 5 l., 40 à 60 akṣ. (Collection Rabardelle.)

619

Adikamma.

En 15 fascicules.

XIXe siècle. Écriture mul. 375 olles de 540 × 50 mm., 5 l., 40 à 55 akṣ. (Collection Rabardelle.)

620

Pāṭikavagga.

Section du *Dīghanikāya.* 6 fascicules. — Les fascicules 3-5 manquent.

XIXe siècle. Écriture mul. 160 olles de 450 × 50 mm., 5 l., 35 à 40 akṣ. (Collection Rabardelle.)

621

Samantapāsādikā aṭṭhakathā.

Troisième section de la *Samantapāsādikā* : commentaire du *Mahāvagga*, en 10 fascicules.

XIXe siècle. Écriture mul. 234 olles de 540 × 50 mm., 5 l., 40 à 35 akṣ. (Collection Rabardelle.)

622

Sāratthapakāsinī aṭṭhakathā sagāthavagga.

Commentaire du *Saṃyutta-nikāya*, en 11 fascicules.

XIXe siècle. Écriture mul. 285 olles de 550 × 50 mm., 5 l., 40 à 50 akṣ. (Collection Rabardelle.)

623-624

Sampiṇḍita mahānidāna.

En deux volumes.

XIXe siècle. Écriture mul. 547 olles de 560 × 60 mm., 5 l., 40 à 50 akṣ. (Collection Rabardelle.)

625

Jātaka (Eka nipāta).

En 18 fascicules.

XIXe siècle. Écriture mul. 457 olles de 550 × 50 mm., 5 l., 40 à 50 akṣ. (Collection Rabardelle.)

626

Aṭṭhakathā sutta saṅgaha.

En 15 fascicules.

XIXe siècle. Écriture mul. 394 olles de 555 × 45 mm., 5 l., 40 à 50 akṣ. (Collection Rabardelle.)

627

Mahanidāna.

En 12 fascicules.

XVIIIe siècle. Écriture mul. 369 olles de 550 × 50 mm., 5 l., 35 à 45 akṣ. (Collection Rabardelle.)

628

Paññasa jātaka.

En 17 fascicules. ed. par G. Terral ds BEFEO. XLVIII. 1. pp. 249-351.

XVIIIe siècle. Écriture mul. 466 olles de 557 × 50 mm., 5 l., 30 à 45 akṣ. (Collection Rabardelle.)

629

Anāgatavamsa.

XIXe siècle. Écriture mul. 46 olles de 560 × 55 mm., 5 l., 35 à 45 akṣ. (Collection Rabardelle.)

630

Amatarasadhārā anāgatavaṃsa ṭīkā.

Commentaire de l'*Anāgatavaṃsa*, en 7 fascicules.

XIXe siècle. Écriture mul. 144 olles (plus 61 blanches) de 560 × 55 mm., 5 l., 40 à 50 akṣ. (Collection Rabardelle.)

631

Maṅgaladīpanī maṅgalasutta aṭṭhakathā.

En 25 fascicules.

XIXe siècle. Écriture mul. 696 olles de 570 × 50 mm., 5 l., 35 à 50 akṣ. (Collection Rabardelle.)

632

Mahāvaṃsa.

En 13 fascicules.

XIXe siècle. Écriture mul. 376 olles de 550 × 50 mm., 5 l., 35 à 45 akṣ. (Collection Rabardelle.)

633

Kaccāyanappakaraṇa.

Pāli-birman.

XIXe siècle. Écriture birmane. 77 olles de 475 × 65 mm., 10 l., 40 à 55 akṣ. (Ms. provenant de M. Louis Vossion, donné par la Société indochinoise.)

634

Saṃyuttanikāya.

XIXe siècle. Écriture singhalaise. 407 olles de 680 × 60 mm., 9 l., 40 à 55 akṣ.

635

Yojanāsamāsa.

XIXe siècle. Écriture mul. 25 olles de 550 × 55 mm., 5 l., 35 à 45 akṣ. (Don Ph. Ed. Foucaux.)

636

Majjhimanikāya uparipaṇṇāsa.

I. fascicules 1-9. — II. fascicules 10-16.

XIXe siècle. Écriture mul. 517 olles de 550 × 50 mm., 5 l., 40 à 50 akṣ.

637

Dhammapada aṭṭhakathā.

7e fascicule.

XIXe siècle. Écriture mul. 36 olles de 580 × 50 mm., 5 l., 40 à 50 akṣ.

638

Kammavāca.

A cet exemplaire est joint le folio final d'un autre exemplaire portant, fixée au dos, une note de la main de Burnouf.

XIXe siècle. Écriture birmane-carrée. 9 olles laquées et ornementées de 540 × 80 mm., 4 l., 25 à 30 akṣ.

639

Pārājika.

Et plusieurs feuilles détachées.

XIXe siècle. Écriture mul. 14 olles de 280 × 55 mm., 5 l., 20 à 30 akṣ.

640

Kobbyākā.

Les deux ais, formant couverture, sont en ivoire.

XVIIIe siècle. Écriture singhalaise. 216 olles de 450 × 55 mm., 8 l., 40 à 50 akṣ.

641-642

Samantapāsādikāṃ nissāya aṭṭhakathā.

641. Fascicules 1-10. — 642. Fascicules 11-20. — Incomplet. Pāli-birman. — Couvertures laquées, ornées de fleurs et d'oiseaux, argent et rouge sur fond noir.

XIXe siècle. Écriture birmane. 730 olles de 580 × 50 mm., 6 l., 45 à 50 akṣ.

643-644

Samantapāsādikāṃ nissāya aṭṭhakathā.

643. Fascicules 2-9. — 644. Fascicules 10-17. — Incomplet. Pāli-birman. — Couvertures laquées, ornées de fleurs et d'oiseaux, argent et rouge sur fond noir.

XIXe siècle. Écriture birmane. 424 olles de 590 × 50 mm., 6 l., 40 à 50 akṣ.

645

Apheggu (?) *Sāratthadīpanī.*

Fascicules 1-4. — Incomplet.

XIXe siècle. Écriture mul. 89 olles de 550 × 50 mm., 5 l., 35 à 45 akṣ.

646

Sāratthapakāsinī aṭṭhakathā.

Commentaire du *Saṃyuttanikāya nidānavagga.* Fascicules 3-10. — Couverture en bois laqué, ornements noir et or.

XIXe siècle. Écriture mul. 221 olles de 580 × 50 mm., 5 l., 30 à 40 akṣ.

647

Dhammapada aṭṭhakathā.

Fragment du Commentaire du *Dhammapada* (4e *vagga*; parties des 2e, 3e, 5e et 6e), comprenant 7 fascicules.

XIXe siècle. Écriture mul. 296 olles de 555 × 50 mm., 5 l., 30 à 40 akṣ.

648

Dure nidāna.

Première section de la *Nidānakathā*, qui sert d'introduction au commentaire du *Jātaka.* — 5 fascicules.

XIXe siècle. Écriture mul. 172 olles de 550 × 50 mm., 5 l., 35 à 40 akṣ.

649

Anāgatavaṃsa.

En 2 fascicules.

XIXe siècle. Écriture mul. 46 olles de 580 × 50 mm., 5 l., 35 à 45 akṣ.

650

Mahākassapanidāna.

Fragment.

XIXe siècle. Écriture mul. 15 olles de 545 × 50 mm., 5 l., 30 à 40 akṣ.

651

[*Dhammasaṅgaṇi.*]

XIXe siècle. Écriture mul. 37 olles de 555 × 50 mm., 5 l., 30 à 45 akṣ.

652

Dhamma Vibhaṅga.

Un fascicule intitulé : *Bra puggalapaññattippakaraṇa phūk 4.*

XIXe siècle. Écriture mul. 20 olles de 540 × 45 mm., 5 l., 30 à 40 akṣ.

653

Abhidhamma Dhātukathā.

Un fascicule intitulé : *Bra Yamaka aṭṭhakathā paripuṇṇa phūk 6.*

XIXe siècle. Écriture mul. 14 olles de 545 × 50 mm., 5 l., 35 à 45 akṣ.

654

Abhidhamma Dhātukathā.

Fragment.

XIXe siècle. Écriture mul. 14 olles de 450 × 50 mm., 5 l., 30 à 40 akṣ.

655

Abhidhamma Dhātukathā.

Fragment.

XIXe siècle. Écriture mul. 11 olles de 525 × 45 mm., 5 l., 15 à 45 akṣ.

656

Abhidhamma Yamaka.

Fragment.

XIXe siècle. Écriture mul. 17 olles de 560 × 50 mm., 5 l., 30 à 45 akṣ.

657

Visuddhi magga (cūlla ṭīkā).

Fascicules 12-24.

XIXe siècle. Écriture mul. 370 olles de 570 × 50 mm., 5 l., 25 à 35 akṣ.

658

Māleyya.

XIXe siècle. Écriture mul. 12 olles de 545 × 50 mm., 5 l., 35 à 45 akṣ.

659

Māleyya vatthu.

Fascicule intitulé : *Bra Māleyya devathera atthavaṇṇanā.*

XIXe siècle. Écriture mul. 6 olles de 545 × 50 mm., 5 l., 35 à 45 akṣ.

660

Vibhaṅga.

XIXe siècle. Écriture birmane. 264 olles de 495 × 50 mm., 8 l., 30 à 45 akṣ.

661

Pātimokkha.

Deux fragments des premier et dernier fascicules.

XVIIIe siècle. Écriture mul. 61 olles de 340 × 50 mm., 5 l., 10 à 25 akṣ.

662

Saṅgha.

A la fin : *Catuvegga.* — *Rāhulla.* — *Mahājaya.* — *Uṇṇahita.*

XIXe siècle. Écriture mul. 31 olles de 336 × 50 mm., 5 l., 15 à 35 akṣ.

663

I. *Isigilisutta.*

II. *Dhammacakka.*

Deux courts fragments. — Olles non noircies.

XIXe siècle. Écriture mul. 41 olles de 360 × 50 mm., 5 l., 20 à 25 akṣ.

664

Kammavāca.

Larges olles laquées, dorées et ornementées.

XIXe siècle. Écriture birmane-carrée. 16 olles de 575 + 130 mm., 6 l., 20 à 30 akṣ.

665

Dīghanikāya.

I. *Sīlakkhanda.* — II. *Sut mahāvā.* — III. *Pāṭikavagga.*

XIXe siècle. Écriture birmane. 220 olles de 505 × 60 mm., 9 l., 20 à 50 akṣ.

666

Dīghanikāya.

Texte pāli et traduction birmane.

XIXe siècle. Écriture birmane. 215 olles de 490 × 60 mm., 10 l., 20 à 45 akṣ.

667

Dīghanikāya.

I. *Sīlakkhandha nissaya.* — II. *Sīlakkhanda aṭṭhakātha.*

XIXe siècle. Écriture birmane. 191 olles de 485 × 55 mm., 9 l., 20 à 45 akṣ.

668

Suttasīlakkhandha aṭṭhakātha nissaya.

Commentaire du *Dīghanikāya*.
Texte pāli et traduction birmane.

XIXe siècle. Écriture birmane. 238 olles de 470 × 55 mm., 10 l., 35 à 40 akṣ.

669

Abhidhammapiṭaka.

I. *Dhammasaṅgaṇi.* — II. *Vibhaṅga.* — III. *Dhātukathā.* — IV. *Puggalapaññatti.* — V. *Kathāvatthu.* — VI. *Yamaka.* — VII. *Paṭṭhāna.*

1861. Écriture birmane. 68 olles de 485 × 55 mm., 7 l., 15 à 35 akṣ.

670

Dīpavaṃsa.

XVIIIe siècle. Écriture birmane. 56 olles de 485 × 55 mm., 7 l., 20 à 35 akṣ.

671

I. *Khuddasikkhā.*
II. *Khuddasikkhānissāya.*

XIXe siècle. Écriture birmane. 78 olles de 490 × 60 mm., 10 l., 20 à 35 akṣ.

672

I. *Khuddasikkyāṭīkā pāli.*

En marge des premiers folios, on lit : *Sumaṅgalapasādanī.*

II. *Khuddasikkhāṭīkā nissāya.*

III. *Khuddasikkhatthā nissāya.*

Ms. différent des n°s 371-373.

XIXe siècle. Écriture birmane. 325 olles de 480 × 60 mm., 9 l., 15 à 45 akṣ.

673-674

Kaccāyanappakaraṇa.

673. 1re partie : fol. 1-260. — 674. 2e partie : fol. 1-197.

1858. Écriture birmane. 458 olles de 475 × 55 mm., 10 l., 20 à 45 akṣ.

675

Kaccāyanappakaraṇa.

En sept sections : *Sandhi°*, *nāma°*, *kāraka°*, *samāsa°*, *taddhita°*, *ākhyāta°*, *kita niddesa.*

1837. Écriture birmane. 235 olles de 570 × 65 mm., 9 l., 20 à 35 akṣ.

676

Kaccāyanappakaraṇa.

a. *Sandhikappa.* — b. *Kārakanidessa.* — c. *Kārakaniddesanissāya.*

Ms. divisé en 10 sections : I. *Sandhiniddesa.* — II. *Nāma°.* — III. *Kāraka°.* — IV. *Samāsa°.* — V. *Taddhita°.* — VI. *Akkhyāta°.* — VII. *Kita°*, *Uṇha°.* — VIII. *Sandhiniddesa nissāya.* — IX. *Nāmaniddesa°.* — X. *Kārakaniddesa°.*

XIXe siècle. Écriture birmane. 325 olles de 480 × 55 mm., 8 et 9 l., 20 à 45 akṣ.

677

Rūpasiddhi aṭṭhakathā nissāya.

Commentaire et traduction birmane, en six sections.

1846. Écriture birmane. 230 olles de 495 × 60 mm., 10 l., 20 à 45 akṣ.

678

Nyāsa ou *Mukhamattadīpanī.*

Traité grammatical.

1786. Écriture birmane. 280 olles de 510 × 55 mm., 10 l., 20 à 50 akṣ.

679

Nyāsa.

XIXe siècle. Écriture birmane. 255 olles de 530 × 55 mm., 10 l., 20 à 50 akṣ.

680

I. *Nyāsa-sandhi-nissāya.*

II. *Samāsa-nissāya.*

1820. Écriture birmane. 365 olles de 485 × 55 mm., 8 l., 20 à 40 akṣ.

681

Nyāsa nissāya.

XIXe siècle. Écriture birmane. 170 olles de 480 × 55 mm., 4 l., 20 à 45 akṣ.

682

Nyāsa nissāya.

1854. Écriture birmane. 58 olles de 500 × 65 mm., 10 l., 20 à 45 akṣ.

683

Nyāsa.

Nāmakappanissāya.

1867. Écriture birmane. 33 olles de 495 × 65 mm., 12 l., 20 à 45 akṣ.

684

Kaccāyanappakaraṇa.

En sept sections.

XIXe siècle. Écriture birmane. 70 olles de 480 × 55 mm., 10 l., 20 à 45 akṣ.

685

Kulāpu sutta.

Traité grammatical en neuf sections. — A la fin : *Iti parisamāna... Aggadhammālaṅkāratherenaracitaṃ sandhikhāpa nissyaṃ niṭṭhitam.*

1873. Écriture birmane. 150 olles de 495 × 60 mm., 11 l., 20 à 45 akṣ.

686

Kalāpasutta.

A la fin : *Aggadhammālaṅkāra* (?) *therena viracitaṃ sandhikhāpanissāyaṃ niṭṭhitaṃ.*

1864. Écriture birmane. 60 olles de 495 × 60 mm , 10 l., 20 à 45 akṣ.

687

Kalāpasutta.

Kaṇḍas 1-5.

XIXe siècle. Écriture birmane. 124 olles de 500 × 65 mm., 9 l., 20 à 50 akṣ.

688

Saddanīti.

Traité grammatical.

1813. Écriture birmane. 123 olles de 515 × 60 mm., 10 l., 20 à 45 akṣ.

689

Saddanīti.

XIXe siècle. Écriture birmane. 46 olles de 530 × 77 mm., 12 l., 20 à 45 akṣ.

690

Saddanīti nissāya.

Fol. 285-332. — Incomplet.

XIXe siècle. Écriture birmane. 50 olles de 490 × 60 mm., 11 l., 20 à 45 akṣ.

691

Saddanīti nissāya.

1862. Écriture birmane. 305 olles de 505 × 60 mm., 10 l., 20 à 50 akṣ.

692

Saddanītisamāsappakaraṇa.

En trois sections.

1883. Écriture birmane. 270 olles de 530 × 70 mm., 12 l., 20 à 50 akṣ.

693

Saddanītidhātumāla nissāya.

Nombreuses annotations marginales et interlinéaires.

XIXe siècle. Écriture birmane. 230 olles de 485 × 50 mm., 10 l., 20 à 40 akṣ.

694

Saddanīti nissāya.

Le titre *Suttamāla* est inscrit sur le bois de la couverture. — Nombreuses marques, notes, renvois dans les marges et dans les lignes.

XIXe siècle. Écriture birmane. 200 olles de 490 × 60 mm., 11 l., 20 à 45 akṣ.

695

I. *Ekakkharakosa pakaraṇa.*
II. *Bhedacitta.*
III. *Kaccāyana bhedappakaraṇa.*
IV. *Bheda cintāpātha.* — *Bhedacintāpaṭhānissāya.*
V. *Sambandhacintānissāya.*
VI. *Kaccāyana-sāya-ppakaraṇa.*
VII. *Ekakkarakosa nissāya.*
VIII. *Vuttodayapāḷi.*
IX. *Udinna.*
X. *Vatthupoṅ.*
XI. *Maṅgalasutta.*
XII. *Oṅ gyel ṣil ba nissāya.*
XIII. *Nāmakāya.*

1867. Écriture birmane. 285 olles de 480 × 50 mm., 10 l., 20 à 50 akṣ.

696

I. *Ekakkharakosa.*
II. *Ekakkharakosa nissāya.*
III. *Gandhabharaṇapātha.*
IV. *Gandhatthīkyam nissāya.*
V. *Kaccāyana bheda pātha.*
VI. *Kaccāyaṇabhedakyam nissāya.*

1831. Écriture birmane. 95 olles de 475 à 510 × 50 à 55 mm., 5 l., 20 à 50 akṣ.

697

Vuttodaya-nissāya.

En neuf aṅgas.

XIXe siècle. Écriture birmane. 110 olles de 480 × 60 mm., 10 l., 20 à 45 akṣ.

698

I. *Chappayasīka-pāli.*
II. *Vaccanatthajotikāṭīkā-pāli.*
III. *Chandosāratha pāli.*
IV. *Kavisārapāli-Subodhālaṅkarapāli.*

1861. Écriture birmane. 160 olles de 470 × 50 mm., 10 l., 20 à 45 akṣ.

699

I. *Chandosāratthavikasinī.*
II. *Vacanatthajotikā-ṭīkā.*

1844. Écriture birmane. 65 olles de 510 × 70 mm., 10 l., 20 à 45 akṣ.

700

I. *Sambandhacinta.*
II. *Sambandhacintanissāya.*

I. 1841. II. 1863. Écriture birmane. I. 9 olles de 485 × 55 mm., 9 l., 20 à 35 akṣ. II. 35 olles de 510 × 60 mm., 11 l., 20 à 50 akṣ.

701

I. *Subhodhālaṅkāra.*
II. *Gandhabharaṇa.*
III. *Nvādi-moggalāna.*

7e section de la grammaire de Moggallāna.

I. 1838. II-III. 1876. 33 olles de 495 × 55 mm., 10 l., 20 à 45 akṣ.

702

I. *Nvādi-moggalāna.*
II. *Vutti-moggalāna.*

1880. Écriture birmane. 88 olles de 475 × 55 mm., 9 l., 20 à 45 akṣ.

703

I. *Sambandhacinta.*
II. *Sambandhanissāya.*
III. *Niruttibheda.*

1831 et 1853. Écriture birmane. 43 olles de 510 × 60 mm., 10 l., 20 à 45 akṣ.

704

I. *Kaccāyanasāra.*
II. *Kaccāyaṇasāra.*
III. *Kaccāyanasāranissāya.*
IV. *Kaccavācakapāli*, par Sattamaguru.
V. *Kaccavācakanissāya.*
VI. *Saddavutthipāli*, par Saddhamaguru.
VII. *Saddavutthinissāya.*
VIII. *Gandhabharaṇapāli.*

1830-1839. Écriture birmane. 58 olles de 500 × 75 mm., 8 à 14 l., 20 à 50 akṣ.

705

Bālāvatāra.

XIXe siècle. Écriture birmane. 28 olles de 495 × 70 mm., 13 l., 20 à 40 akṣ.

706

I. *Kaccāyana [ppakaraṇa].*

Sandhikaṇḍa.

II. *Gandharabharaṇa pāli.*
III. *Bālāvatāra.*
IV. *Saddatthabhedacintāpāli.*

XIXe siècle. Écriture birmane. 60 olles de 470 à 500 × 50 à 60 mm., 10 à 11 l., 20 à 45 akṣ.

707

I. *Vuttodaya-pāli.*
II. *Vuttodaya-nissāya.*

XIXe siècle. Écriture birmane. 37 olles de 490 × 60 mm., 10 l., 20 à 45 akṣ.

708

Kavisāraṭīkāpāli.

XIXe siècle. Écriture birmane. 62 olles de 500 × 65 mm., 9 l., 20 à 45 akṣ.

709

Kavisāraṭīkānissāya.

1797. Écriture birmane. 192 olles de 500 × 60 mm., 9 l., 20 à 45 akṣ.

710

Nat kok.

Recueil d'extraits de différents ouvrages en pāli, avec une paraphrase birmane.

1862. Écriture birmane. 195 olles de 495 × 60 mm., 10 l., 20 à 45 akṣ.

711

Rājanīti (?).

1855. Écriture birmane. 24 olles paginées 109-130, de 465 × 50 mm., 8 l., 20 à 35 akṣ.

712

Catalogue des manuscrits pālis provenant de la collection Grimblot, par H. Zotenberg.

XIXe siècle. Cahier de 162 feuillets de 255 × 200 mm. Demi-rel. parchemin.

713

Pāli-vimuttaka-vinaya-viniccaya-saṅgaha.

Couverture peinte et ornée.

XVIIIe siècle. Écriture singhalaise. 253 olles de 455 × 55 mm., 9 l., 40 à 50 akṣ.

714

Jātakas (Fragments de).

Recueil de textes de différentes mains, formée de trois fragments très dégradés et d'une écriture cursive difficile à lire. — Couverture peinte et ornée.

XVIIIe siècle. Écriture singhalaise. 156 olles de 520 × 45 mm., 6 à 8 l., 40 à 50 akṣ.

715

Dhammapada (Fragments de).

Ms. en écriture kharoṣṭhī, sur écorce de bouleau, provenant de la mission Dutreuil de Rhins, rapporté par M. Grenard. — Cf. Émile Senart, *Les fragments Dutreuil de Rhins* (*Journal asiatique*, sept.-oct. 1898).

Écriture kharoṣṭhī. Écorce de bouleau, 13 fragments de 90 à 320 × 140 à 730 mm., encadrés. (Don de l'Institut, transmis par M. E. Senart.)

716

Ṭīkāmadhurasavāhinī ou *Sāratthadīpakā*, par Siddhatthakavi.

En 4 fascicules.

XIXe siècle. Écriture mul. 130 olles de 540 × 50 mm., 5 l., 30 à 40 akṣ.

717

Mahākappalokasaṇṭhānapaññatti.

XIXe siècle. Écriture mul. 34 olles de 540 × 50 mm., 5 l., 30 à 40 akṣ.

718

Ekanipātajātaka.

En 16 fascicules.

XIXe siècle. Écriture mul. 448 olles de 545 × 50 mm., 5 l., 35 à 45 akṣ.

719

Majjhima-nikāya.

Mūla-paṇṇasāka, fascicules 1, 3, 5, 6, 10-19.

XIXe siècle. Écriture mul. 350 olles de 555 × 45 mm., 5 l., 20 à 50 akṣ.

PAPIERS D'EUGÈNE BURNOUF[1]

1

Vendidad-Sadé.

Exemplaire comprenant les neuf premières livraisons (p. 1-504), autographié par les soins d'Eugène Burnouf, d'après le ms. d'Anquetil, suppl. n° 1 (= n° 25 du supplément Persan).

1829-1833. Un vol. grand in-folio, 504 pages, 435 × 265 mm. D.-rel. maroquin.

2

Vendidad-Sadé (Variantes du).

1836. Un vol. grand in-folio, 561 pages, 420 × 260 mm. D.-rel. maroquin.

3

Index du *Vendidad-Sadé.*

1833. Un vol. grand in-folio, 938 pages, 420 × 260 mm. D.-rel. maroquin.

4

Index des *Ieschts* et des *Neaeschs.*

1834. Un vol. grand in-folio, 686 pages, 420 × 260 mm Texte à deux col. D.-rel. maroquin.

5

Index du *Minokhered* et du *Schekend-Goumani.*

1838. Un vol. grand in-folio, 251 pages, 420 × 260 mm. Texte à 2 col. D.-rel.

1. Voir *Papiers d'Eugène Burnouf conservés à la Bibliothèque nationale*; catalogue dressé par M. Léon Feer (Paris, 1899, in-8°). Les notices ci-dessous në sont qu'un résumé de ce catalogue.

6

Sirouzé.

(S. d.) Un vol. grand in-folio, 190 pages, 430 × 275 mm. D.-rel. parchemin.

7

Table du ms. n° 29 du Supplément persan.

1. *Izeschné* zend et sanscrit; 2. *Ieschts Sadé.* — A la suite on a joint une liste des premières et dernières syllabes, racines et désinences, des mots relevés dans l'Index du *Vendidad-Sadé.*

(S. d.) Un vol, in-fol., 360 × 230 mm. D.-rel. parchemin.

8

Textes Zends.

Copies exécutées par Eugène Burnouf.

(S. d.) Cahier de 75 feuillets, 200 × 160 mm. Cartonné.

9

Schekend-Goumani-Izeschné.

Copies exécutées par Eugène Burnouf.

(S. d.) Cahier de 90 feuillets, 200 × 160 mm. Cartonné.

10-12

Yaçna.

Copie en caractères latins du ms. n° 18 de la Bibliothèque de la Compagnie des Indes.

1835. Trois cahiers de 61, 82 et 127 feuillets, 190 × 160 mm. Cartonnés.

13

Études sur la langue et sur les textes zends.

Copie, en caractères latins, du ms. du Vendidad-Sadé de la

Bibliothèque Bodléienne d'Oxford. — Nombreuses notes relatives au zend. — Calques de textes pehlvis, etc.

1826-1835. Un vol. in-4°, 350 feuillets, 270 × 220. D.-rel. parchemin.

14

Textes zends.

Continuation du travail contenu dans le volume précédent.

1846? Un vol. oblong, 76 feuillets, 215 × 255 mm. D.-rel. parchemin.

15

Commentaire sur le *Vendidad-Sadé.*

Commentaire développé sur le Vendidad-Sadé. — Études sur le zend. — Études grammaticales, entreprises en 1827, sur les noms des êtres divins mentionnés dans le Zend-Avesta. — Projet de prospectus et spécimen de l'édition lithographiée du Vendidad-Sadé.

1826-1829. Un vol. in-folio, 340 feuillets, 355 × 255 mm. D.-rel. parchemin.

16

Études sur la langue et sur les textes zends.

(S. d.) Un vol. in-4°, 248 feuillets, 270 × 200 mm. D.-rel. parchemin.

17

Études sur le *Iescht* d'Ormuzd.

1842? Un vol. in-4°, 146 feuillets, 320 × 240 mm. D.-rel. parchemin.

18-19

Dictionnaire zend.

1826. Deux volumes in-4°, 255 et 339 feuillets, 225 × 175 mm. D.-rel. parchemin.

20

Dictionnaire pehlvi-persan.

Recueil de 1141 fiches.

(S. d.) Un vol. in-folio, 415 × 275 mm. D.-rel. parchemin.

21

Dictionnaire pehlvi-français.

Recueil de 1519 fiches.

(S. d.) Un volume in-folio, 415 × 275 mm. D.-rel. parchemin.

22

Inscriptions persépolitaines.

Inscription de Vân, etc. — Mémoires et notes sur les inscriptions cunéiformes.

1834-1836. Un vol. in folio, 114 feuillets, 435 × 305 mm. D.-rel. parchemin.

23

Lettres sur les inscriptions de Khorsabad.

Lettres à M. Botta. — Textes cunéiformes de plusieurs inscriptions de Darius et de Xerxès. — Étude de signes cunéiformes et syllabaire assyrien.

1847? Un vol. in-folio, 206 feuillets, 430 × 305 mm. D.-rel. parchemin.

24

Inscriptions de Ninive.

Pavé des portes G, U, *l*, K, T, W.

1847. Un vol. in-folio, monté, 228 feuillets, 430 × 305 mm. D.-rel. parchemin.

25

Inscriptions de Ninive.

Inscription des Taureaux.

1847. Un vol. in-folio, monté, 159 feuillets, 430 × 305 mm. D.-rel. parchemin.

26

Inscriptions de Ninive.

Inscriptions des portes des Taureaux.

1847. Un vol. in-folio, monté, 74 feuillets, 430 × 305 mm. D.-rel. parchemin.

27

Inscriptions de Ninive.

Série de signes cunéiformes.

1847. Un vol. in-folio, monté, 152 feuillets, 430 × 315. D.-rel. parchemin.

28

Notes sur le *Ṛg-veda.*

(S. d.) Un vol. in-folio, monté, 335 × 245 mm. D.-rel. parchemin.

29

Études védiques.

Voir en particulier, pour les travaux et les copies contenus dans ce volume, la préface du tome I du *Bhāgavata Purāṇa.*

1830-1835. Un vol. in-folio, 146 feuillets, 345 × 240 mm. D.-rel. parchemin.

30

Viṣṇu-purāṇa.

Analyse et extraits.

1834. Un vol. in-folio, 73 pages, 350 × 210 mm. D.-rel. parchemin.

31

Copies de textes sanscrits, accompagnés d'une traduction latine.

I. *Bhaṭṭikāvya,* livre X, çlokas 1-41. — II. *Padma-purāṇa,* une partie du *Bhūmi-khaṇḍa.* — III. *Mahābhārata : Ādi-parvan, Droṇa-parvan.* — *Samaveda,* 8 lignes.

1825? Un vol. in-folio, 188 feuillets, 335 × 240 mm. D.-rel. parchemin.

32

Urvaçī.

1830. Un vol. in-4°, 93 pages, 225 × 175 mm. Cartonné.

33

Urvaçī.

Traduction française du 1er acte et copie en caractères latins du texte prâcrit, suivies d'extraits de l'*Agni-purāṇa.*

1828. Un vol. petit in-folio, 219 feuillets, 335 × 240 mm. D.-rel. parchemin.

34

Notes et fragments se rapportant à la littérature sanscrite.

A noter, fol. 54-73, une traduction latine des termes de la partie sanscrite du Vocabulaire pentaglotte (n° 1093 du nouveau fonds chinois de la Bibliothèque nationale), suivie de l'étude de quelques termes de ce vocabulaire.

1825? Un vol. in-4°, 144 feuillets, 255 × 210 mm. D.-rel. parchemin.

35

Vocabulaire sanscrit.

1825? Registre in-folio, 530 pages, 330 × 220 mm. D.-rel. basane.

36

Vocabulaire sanscrit.

Répertoire alphabétique de termes grammaticaux, avec renvois aux grammaires de Pāṇini et de Colebrooke.

(S. d.) Registre cartonné in-folio, 278 pages, 360 × 230 mm. Rel. basane.

37

Notes de jurisprudence et de philosophie indiennes.

(S. d.) Un vol. de 702 pages numérotées par Burnouf, 235 × 165 mm. D.-rel. parchemin.

38

Index de la grammaire de Pāṇini.

Copie de Neumann.

1837. Un vol. de 687 pages, 260 × 205 mm. D.-rel. maroquin.

39

Index de la grammaire de Pāṇini.

Copie exécutée par Th. Goldstücker pour Eugène Burnouf.

9 avril 1845. Un vol. de 253 pages, 225 × 170 mm. Cartonné.

40

Terminologie buddhique.

Étude de la partie sanscrite du Vocabulaire pentaglotte de la Bibliothèque nationale (Nouveau fonds chinois, n° 1093). — Voir, sous le n° 34, la traduction latine de cette même partie.

(S. d.) Un cahier rouge, 278 pages, 205 × 150 mm. Cartonné.

41

Fragments divers.

I. Extraits du *Rāmāyaṇa*. — II. Fragment de *Çakuntala*. — III. Extrait de l'*Agni Purāṇa* et plusieurs textes sanscrits en écriture nāgarī.

S. d.) Un cahier rouge, 96 feuillets, 235 × 175 mm. Cartonné.

42

Fragments divers.

Grammaire sanscrite. — Vocabulaire tamoul. — Traduction partielle du *Dasanipāta nissāyam* (= *Aṅguttaradasanipāta*), ms. n° 90 du fonds pāli.

1824. Un cahier vert, 35 feuillets, 200 × 150 mm. Cartonné.

43

Notes diverses.

Notes sur la côte de Coromandel, le Malabar, la langue tamoule et sur quelques mss. de la Bibliothèque royale. — Remarques sur la grammaire pālie. — Citations du *Ṛg-veda*. — Mots russes et mots celto-bretons comparés au latin et au sanscrit.

1832. Un cahier de 96 pages écrites, 200 × 160 mm. Cartonné.

44

Notes diverses sur la grammaire sanscrite.

1848. Un cahier de 39 pages écrites, 145 × 90 mm. Cartonné.

45

I. *Durjanamukhapadmapādukā.*
II et III. *Durjanamukhacapeṭikā.*

Textes copiés à Londres et traduits dans la préface du t. Ier du *Bhāgavata Purāṇa*, p. LVI-LXXXIX.

(S. d.) Un cahier de 23 feuillets écrits, 245 × 130. Cartonné.

46-47

Bhāgavata-purāṇa (Variantes du).

1827 et 1846. 2 vol. in-4°, 207 et 304 feuillets, 225 et 275 × 210 et 245 mm. D.-rel. parchemin.

48

Bhāgavata-purāṇa.

Métrique.

1839. Un vol. in-4°, 163 feuillets, 245 × 235 mm. D.-rel. parchemin.

49

Bhāgavata-purāṇa.

Étude de quelques noms propres. — Relevé des livres, des

chapitres et des stances du *Bhāgavata-purāṇa.* — Remarques de Goldstücker.

1839? Un vol. gr. in-4°, 103 feuillets, 280 × 245 mm. D.-rel. parchemin.

50

Bhāgavata-purāṇa.

Notes et observations sur le texte et la traduction de cet ouvrage.

(S. d.) Un vol. in-4°, monté, 118 feuillets, 290 × 200 mm. D.-rel. parchemin.

51

Bhāgavata-purāṇa.

Notes du livre III. — Copie exécutée par Neumann.

(S. d.) Un vol. in-4°, 52 feuillets, 275 × 215 mm. D.-rel. parchemin.

52

Bhāgavata-purāṇa.

Notes du livre IV, chap. I-XVII.

(S. d.) Un vol. petit in-4°, 23 feuillets, 235 × 185 mm. D.-rel. parchemin.

53

Saddharmapuṇḍarīka.

Copie en caractères devanāgarīs. — A la suite copies de fragments du *Yajur°* et du *Sāmaveda* et d'un texte de Mahīdhara.

(S. d.) Un vol. in-folio, monté, 204 feuillets, 375 × 255 mm. D.-rel. parchemin.

54

Saddharmapuṇḍarīka.

Notes et rédaction première de diverses parties de l'Appendice du *Lotus de la bonne loi* (p. 684-726, 736-751, 774-779, 800-819 de l'édition).

(S. d.) Un vol. in-folio, 136 feuillets, 315 × 220 mm. D.-rel. parchemin.

55-57

Saddharmapuṇḍarīka.

Notes et copies de textes pālis pour le *Lotus de la bonne loi.*

(S. d.) Un vol. in-folio, 127, 118 et 104 feuillets, n°s 55-56 : 325 × 225 mm. ; n° 57 : 345 × 240 mm. D.-rel. parchemin.

58

Notes diverses.

Trois billets de Stanislas Julien. — Fragment du *Saddharmà-puṇḍarīka* en tibétain, avec traduction française interlinéaire. — Textes tibétains. — Diverses notes et recherches sur le buddhisme.

(S. d.) Un vol. in-folio, 164 feuillets, 360 × 245 mm. D.-rel. parchemin.

59

Lalitavistara.

Traduction française du chapitre I et d'une partie du chapitre II. Table des chapitres. Puis diverses observations et copies sur la littérature du buddhisme du Nord comparée à celles du buddhisme du Sud, et nombreuses notes reliées confusément et vraisemblablement destinées au second volume de l'*Introduction à l'histoire du Buddhisme indien.*

(S. d.) Un vol. in-folio, 215 feuillets, 360 × 240 mm. D.-rel. parchemin.

60

Notes diverses.

Modifications et altérations des lettres en sanscrit. — Mots tibétains avec traduction française et équivalents sanscrits. — Notes sur la géographie ancienne de Ceylan. — Poème persan. — Les premiers mots commençant par *a* du *Çabdakalpa druma.* — Concordance des pages du texte et de la traduction du *Lalitavistara* tibétain, par Ph.-E. Foucaux.

(S. d.) Un vol. in-fol. 174 feuillets, 335 × 240 mm. D.-rel. parchemin.

61

Observations sur le *Saddharmapuṇḍarīka.*

(S. d.) Un vol. in-folio, 106 feuillets, 325 × 225 mm. D.-rel. parchemin.

62

Observations sur la langue des morceaux versifiés du *Saddharmapuṇḍarīka.*

1851. Un vol. petit in-folio, 67 feuillets, 275 × 235 mm. D.-rel. parchemin.

63

Inscriptions sanscrites, notes et mélanges.

1851. Un vol. in-folio, 46 feuillets, 355 × 245 mm. D.-rel. parchemin.

64

Aṣṭasāhasrikā prajñāpāramitā.

Traduction française de ce texte faite sur le ms. sanscrit 11-12 (n° 83 du Catalogue de Burnouf).

(S. d.) Un vol. in-4°, 430 pages, 235 × 180 mm. D.-rel. parchemin.

65

I. *Kāraṇḍa-vyūha.*

Traduction française.

II. *Ratanāvaliya.*

Transcription en caractères latins du texte singhalais et commencement de traduction française.

1837 et 1850. Un vol. in-4°, 54 feuillets, 250 × 210 mm. D.-rel. parchemin.

66

Avadānaçataka.

Traduction du livre I et du commencement du livre II.

(S. d.) Un vol. in-4°, 175 feuillets, 220 × 155 mm. D.-rel. parchemin.

67

Sumāgadhā avadāna.

Texte tibétain tiré du *Bkah-gyur*, *mdo*, vol. *ha* (XXIX).

(S. d.) Vol. in-4°, 101 feuillets, 220 × 160 mm. D.-rel. parchemin.

68

Cinq traductions de légendes sanscrites.

Histoire de Sumāgadhā, de Rudrāyaṇa, de Yakṣinī Kuṇḍalā. Histoire de la Truie. Histoire de Pūrṇa.

(S. d.) Un vol. in-4°, 101 feuillets, 220 × 160 mm. D.-rel. parchemin.

69

Liste, par B. H. Hodgson, des manuscrits envoyés par lui-même à la Société asiatique.

1839. Vol. in-4° monté, 22 feuillets. D.-rel. parchemin.

70

Copies de textes pālis et siamois.

1826. Un vol. in-4° monté, 15-107 feuillets, 235 × 180 mm. D.-rel. parchemin.

71

Copies de textes pālis-siamois et Recherches sur la langue siamoise.

1825. Un vol. in-4°, 160 feuillets, 280 × 230 mm. D.-rel. parchemin.

72-73

Mahāvamsa.

En deux volumes. — Copie en caractères latins d'un ms. appartenant à sir Alexander Johnston.

1826 et 1828. Deux cahiers de 273 et 377 pages, 240 × 180 mm. Cartonnés.

74

Abhidhānappadīpikā.

Copie en caractères latins.

1826. Un vol., 92 feuillets, 240 × 180 mm. Cartonné.

75

Bālāvatāram.

Copie, en caractères latins, d'une grammaire en pāli et en singhalais, appartenant à sir Alexander Johnston. — A la suite : « Vocabulary English and Pawly ».

1827 et 1828. Un vol. grand in-4°, 83 feuillets, 275 × 205 mm. Cartonné.

76

Grammaire pālie, rédigée par Eugène Burnouf.

1827. Un vol. grand in-4°, monté, 171 feuillets, 280 × 235 mm. D.-rel. parchemin.

77

Sandhi-kappa.

Copie en caractères latins. Traduction. — Travail fait sur le ms. de Burnouf n° 154 (= pāli n° 486).

(S. d.) Un vol. in-4°, 267 feuillets, 235 × 180 mm. D.-rel. parchemin.

78

I. *Rūpasiddhī.*
II. *Mahājanakā.*
III. *Atānatīya.*

Copies et traductions inachevées. — La copie du n° III est faite sur le ms. n° 46 du fonds pāli.

1849. Un vol. in-4°, 179 feuillets, 235 × 180 mm. D.-rel. parchemin.

79

I. *Samantapāsādika.*

Copie et traduction interlinéaire des 8 premiers feuillets du ms. n° 40 du fonds pāli.

II. *Nidānavagga.*

Copie et traduction interlinéaire des 5 premiers feuillets du ms. n° 73 du fonds pāli.

III. *Mahājanakajātaka.*

Copie des 48 premiers feuillets et traduction mot à mot du ms. n° 160 du fonds pāli.

1848-1850. Un vol. in-4°, 200 feuillets, 230 × 130 mm. D.-rel. parchemin.

80

Dīghanikāya.

Copie des 15 premières olles du ms. 56 du fonds pāli.

1848. Un vol. in-4°, 113 pages et 51 feuillets, 235 × 180 mm. D.-rel. parchemin.

81-82

Khuddasikkhādīpanī.

I. Copie des 40 premières olles (et II. de l'olle 40b à l'olle 70b) du ms. n° 134 du fonds pāli. — Transcription en caractères latins, traduction française mot à mot.

1848. Deux vol. de 321 et 241 pages, 235 × 180 mm. D.-rel. maroquin.

83

Pātimokkha nissāya.

Traduction birmane du *Pātimokkha.* — Texte pāli en caractères latins, texte birman en caractères originaux, traduction française mot à mot, indications grammaticales très sommaires.

1849. Un vol. in-4°, 611 pages, 235 × 180 mm. D.-rel. maroquin.

84

Nemirājajātaka.

Copie en caractères latins du ms. n° 170 du fonds pāli.

1849. Un vol. in-4°, 416 pages, 235 × 180 mm. D.-rel. maroquin.

85

Suvaṇṇasāmajātaka.

Copie du ms. n° 165 du fonds pāli. — Texte pāli en caractères latins, texte birman en caractères originaux, et traduction française mot à mot.

1849. Un vol. in-4°, 449 pages, 235 × 180 mm. D.-rel. maroquin.

86

Bhūridattajātaka.

Texte pāli en caractères latins, texte birman en caractères originaux, et traduction française.

1849. Un vol. in-4°, 520 pages, 235 × 180 mm. D.-rel. maroquin.

87

Mélanges de pāli, birman et singhalais.

1850. Un vol. in-4°, 191 feuillets, 275 × 235 mm. D.-rel. parchemin.

88

Inscription pālie-birmane et Mélanges.

Inscription de la grande cloche de Rangoon : fragments d'estampages, calques. — Spécimens d'écritures : pāli-carré, siamois, cambodgien.

(S. d.). Un vol., monté in-4°, 67 feuillets, 280 × 270 mm. D.-rel. parchemin.

89-91

Dictionnaire pāli-français.

Matériaux d'un dictionnaire pāli, comprenant 6087 mots transcrits en caractères latins, avec renvois aux textes d'où ils sont tirés.

1827. Trois volumes, montés grand in-folio, 415 × 275 mm. D.-rel. parchemin.

92

Dictionnaire pāli-singhalais-français.

Appendice au Dictionnaire pāli-français renfermant 2.991 fiches.

1827-1828-1849. Un vol., monté grand in-fol. D.-rel. parchemin.

93-94

Dictionnaire birman-pāli-français.

Mots, au nombre de 4898, tirés du *Pātimokkha*, du *Khuddasikkhādīpanī*, du *Bhūridatta jātaka*, etc.

1850. Un vol., monté grand in-fol., 415 × 275 mm. D.-rel. parchemin.

95

Dictionnaire siamois-français.

(S. d.) Un vol., monté grand in-fol., 415 × 275 mm. D.-rel. parchemin.

96

Mémoire sur la transcription en caractères européens des alphabets anciens et modernes de l'Hindoustan, avec planches.

Brouillon du mémoire couronné par l'Académie des Inscriptions en 1831.

1830. Un vol. petit in-fol., 73 feuillets, 340 × 225 mm. D.-rel. parchemin.

97

Cours de grammaire générale et comparée, professé par Eugène Burnouf à l'École Normale, de 1830 à 1833.

Manuscrit autographe. — A la suite, notes et rédactions d'élèves.

1830-1833. Un vol. in-4°, 184 feuillets, 225 × 170 mm. D.-rel. parchemin.

98

Grammaire générale.

Cours d'Eugène Burnouf à l'École Normale. Rédaction d'un élève, faisant suite à la dernière partie du volume précédent, mais avec plus de développements.

1833? Un vol. petit in-fol. 227 pages, 305 × 195 mm. D.-rel. maroquin.

99

Cours de Chézy et traductions.

Rédaction par Eugène Burnouf du cours de sanscrit, professé au Collège de France par A.-L. de Chézy.

1822-1824. Un vol. in-4°, 239 pages, 230 × 190 mm. D.-rel. parchemin.

100

Cours de philosophie de Victor Cousin et de Th. Jouffroy, à la Sorbonne.

Rédaction par Eugène Burnouf d'une partie des cours de ces deux professeurs.

1819-1822. Un vol. in-4°, 447 pages, 255 × 200 mm. D.-rel. parchemin.

101

Travaux de Jean-Louis Burnouf sur le sanscrit.

1825-1826. Un vol. petit in-fol., 56 et 299 pages, 315 × 210 mm. D.-rel. parchemin.

102

Grammaire persane, par J.-L. Burnouf.

1817. Un vol. petit in-4°, 40 pages, 215 × 170 mm. Cartonné.

103

Mélanges divers.

Commencement d'une grammaire hébraïque. — Cinq stances sanscrites, en transcription. — Dialogue tamoul-français, texte et transcription. — Manuscrit autographe de sir William Jones, intitulé : « Britain discovered », etc.

(S. d.) Un vol. in-fol., 56 feuillets, 345 × 240 mm. D.-rel. parchemin.

104-105

Résidus.

104. Notes pour le *Lotus de la bonne loi* et l'*Introduction à l'histoire du Buddhisme indien*. — Dix figures de divinités indiennes. — 58 fiches d'un dictionnaire zend. — Spécimen gravé de l'édition du Vocabulaire pentaglotte buddhique, que devaient entreprendre de concert Abel Rémusat et Eugène Burnouf (voir *Journal asiatique*, 1831, t. VII, p. 152).

105. Traité chrétien, en guzarati. — Épreuves du texte sanscrit de l'*Agni Purāṇa*. — Liste imprimée de mots français usuels destinée aux voyageurs et explorateurs. — Recherches sur les caractères cunéiformes. — Spécimens d'écritures orientales. — Dessins de médailles. — Cinq courts textes sanscrits imprimés. — Imitation en sanscrit, par Chézy, du *Donec gratus eram*. — Etc.

Dates diverses. Deux vol. montés grand in-fol., 128 et 63 feuillets, 395 × 270 et 385 × 265 mm. D.-rel. parchemin.

106-109

Travaux d'Eugène Jacquet.

106. Notes diverses et copies de textes sanscrits. — 107. Notes relatives aux inscriptions et légendes des médailles sassanides. —

108. Fragments zends, pehlvis et guzaratis, copiés par Eugène Jacquet. — 109. Noms du Buddha tirés de l'*Abhidhānappadīpikā*.

1835. 106 et 107. Deux vol. in-fol., 81 et 107 feuillets, 375 × 270 mm. D.-rel. parchemin. — 108. Cahier petit in-4°, 71 feuillets, 205 × 155 mm. — 109. Un vol. in-8°, 56 feuillets, 175 × 120 mm. D.-rel. parchemin.

110

Notes de Botta.

Carnet où sont relevées des séries de caractères cunéiformes.

(S. d.) Un vol. petit in-8°, 170 × 105 mm. D.-rel. basane.

111

Notes sur le premier livre des Lois de Manou, recueillies par M. Bardelli au cours d'Eugène Burnouf.

1847. Un vol. in-4°, 46 feuillets, 212 × 180 mm. D.-rel. parchemin.

112

Notes sur le *Ṛg-Veda*.

Fragments du *Ṛg-Veda* (éd. Rosen), avec les explications d'Eugène Burnouf, recueillies à son cours par Ed. Dulaurier.

(S. d.) Petit cahier oblong, 100 feuillets, 160 × 195 mm. D.-rel. toile.

113

I. Traduction du *Ṛtu saṃhāra*, de Kālidāsa.

II. Traduction du *Gītagovinda*, de Jayadeva.

Par Hippolyte Fauche, ancien professeur de rhétorique.

(S. d.) Un vol. petit in-4°, 75 feuillets, 200 × 170 mm. D.-rel. parchemin.

141

La Genèse, texte éthiopien et traduction française des dix premiers chapitres.

Écriture inconnue.

(S. d) Un vol. petit in-4°, 15 feuillets, 320 × 170 mm. D.-rel. toile.

115-116

I (115). Papiers de la Société asiatique, comprenant 134 pièces des années 1822-1838.

Minutes de cinq lettres d'Abel Rémusat. — Rapports faits à la Société par Fauriel, Saint-Martin, J. Mohl, Klaproth. — Correspondance relative à des admissions, à des envois de livres, etc.

II (116). Papiers de la Société asiatique, comprenant 82 pièces des années 1825-1852.

Lettres adressées à Eugène Burnouf, secrétaire de la Société. — Remerciement du directeur de la Bibliothèque royale pour le don de 100 volumes, composant la collection buddhique tibétaine, envoyée par la Société asiatique de Calcutta à la Société asiatique de Paris, et donnée par celle-ci à la Bibliothèque royale (25 octobre 1835).

1822-1852. Deux vol., montés petit in-fol., 226 et 154 feuillets, 315 × 240 mm. D.-rel. parchemin.

117

Inscriptions indiennes.

(S. d.) Un vol., monté in-fol., 340 × 225 mm. D.-rel. parchemin.

118

Estampages d'inscriptions cunéiformes.

(S. d.) Un vol., monté in-fol., 17 feuillets, 340 × 220 mm. D.-rel. parchemin.

119

Copies d'inscriptions de Java.

(S. d.) Un vol. in-fol., 8 feuillets, 340 × 225 mm. Cartonné.

120-123

Neuf estampages d'inscriptions provenant de l'Inde et de Java.

En quatre étuis.

124

« État sommaire des papiers et manuscrits d'Eugène Burnouf donnés à la Bibliothèque nationale par Mme Eugène Burnouf, 1886. » — De la main de Mme L. Delisle, née Burnouf.

Un vol. in-fol., 7 feuillets, 315 × 215 mm. D.-rel. parchemin.

PAPIERS DE LÉON FEER[1]

1

Répertoire des *Jātakas*, par Léon Feer.

Liste générale des *Jātakas* du grand recueil canonique, des recueils secondaires et des *Jātakas* isolés, avec des listes alphabétiques spéciales se référant aux divers ordres de renseignements compris sous le titre de chaque *Jātaka*.

1875. Un vol. in-fol. de 382 feuillets, 315 × 200 mm. D.-rel. toile.

2

Liste raisonnée des *Jātakas* pālis et des autres récits pālis, sanskrits, tibétains qui s'y rattachent. Groupement divers de ces textes et renvois des uns aux autres, par L. Feer.

(S. d.) Un vol. in-fol. de 268 feuillets, 315 × 205 mm. D.-rel. basane.

3

Répertoire des *Jātakas*.

Analyses en français.

(S. d.) Un vol. in-fol. de 127 feuillets, 300 × 200 mm. D.-rel. toile.

4-6

Samyutta-nikāya. Mahāvaggo.

I. *Maggaº*, *Bojjhaṅga saṁyuttam.* — II. *Satipaṭṭhānaº*, *In-*

1. Léon Feer, orientaliste français, conservateur-adjoint au département des manuscrits à la Bibliothèque nationale (1830-1902).

driya°, *Sammappadhāna°*, *Bala°*, *Iddhippāda°*, *Anuruddha°*, *Jhāna-saṁyuttam*. — III. *Ānāpāna°*, *Sotāpatti°*, *Sacca-saṁyuttam*.

Copié sur le ms. n° 72 du fonds pāli de la Bibliothèque nationale, avec les variantes du vol. n° XII des *Codices palici* de la Bibliothèque royale de Copenhague, relevées en 1895, celles du n° 634 du fonds pāli de la Bibliothèque nationale et celles d'un ms. birman appartenant à L. Feer.

1889-1895. Trois vol. in-fol. de 279, 285 et 144 feuillets, 310 × 205 mm. D.-rel. toile.

7-11

Saṃyutta-nikāya.

I. *Sagatha*. — II. *Nidāna-vagga*. — III. *Khandha-vagga*. — IV. *Saḷāyatana-vagga*. — V. *Nidāna-vaggasa vaṇṇanā*.

Copies exécutées sur le n° 71 du fonds pāli de la Bibliothèque nationale, avec indication des variantes du n° 634 du fonds pāli de la même Bibliothèque et du manuscrit de la Bibliothèque royale de Copenhague.

1873 et 1885-1889. 5 vol. in-fol. de 311, 336, 298, 404 et 221 feuillets, 315 × 200 mm. D.-rel. toile (n°s 8, 10 et 11) et d.-rel. basane (n°s 7 et 9).

12-13

« *Kalpa-druma-avadāna* et *Ratna-avadāna-mālā*, découpés et distribués selon l'ordre des récits de l'Avadānaçataka. Texte et traduction, par Léon Feer, d'après les manuscrits de la Bibliothèque nationale Sanscrit-Dév. 124 A-B et Sanscrit-Dév. 104 A-B (= Nouveau catalogue sanscrit, n°s 26-27 et 104-105). »

1877. Deux vol. in-fol. de 284 et 291 feuillets, 300 × 200 mm. D.-rel. basane.

14

« Catalogue du *Tripiṭaka* chinois de Samuel Beal, arrangé suivant l'ordre alphabétique et rapporté au catalogue d'Oxford, par Bunyu Nanjio, par Léon Feer ».

(S. d.). Un vol. de 110 feuillets, 310 × 200 mm. D.-rel. basane.

15-16

Avadāna-çataka.

Texte du ms. sanscrit nos 9 et 10 et traduction française. — On a ajouté, en regard, une traduction tibétaine (*Kandjur* V, 29 *mdo*) et des extraits de textes chinois empruntés aux nos 3955 et 4686 du fonds chinois.

1867-1868. Deux vol. in-fol. de 212 et 102 feuillets, 310 × 200 mm. D.-rel. basane.

17

Index de l'*Avadāna-çataka.*

(S. d.) Un vol. in-8° de 600 feuillets, 170 × 110 mm. D.-rel. basane.

18

I. Traduction française de la grammaire siamoise (en latin) de Pallegoix.

II. Traduction française de la grammaire birmane (en anglais) de Judson.

(S. d.) Un vol. in-4° de 89 et 30 pages, 265 × 200 mm. D.-rel. toile.

19

Dīghanikāya.

Copie, en caractères latins, du ms. n° 17 de la collection Grimblot (= Pāli n° 49).

1868. Un vol. in-4° de 185 feuillets, 230 × 180 mm. D.-rel. basane.

20

« Notes pour le catalogue [des manuscrits] pāli (de la Bibliothèque nationale). »

Vers 1866? Un vol. in-4° de 385 feuillets, 235 × 180 mm. D.-rel. basane.

21

Etude sur le Buddhacarita d'A.

TABLE ALPHABÉTIQUE
DES TITRES DES MANUSCRITS SANSCRITS

TABLE ALPHABÉTIQUE

DES TITRES DES MANUSCRITS PĀLIS

ANGERS. — IMPRIMERIE A. BURDIN ET Cie, 4, RUE GARNIER.

www.ingramcontent.com/pod-product-compliance
Ingram Content Group UK Ltd.
Pitfield, Milton Keynes, MK11 3LW, UK
UKHW022055190726
13855UKWH00002B/502

9 782013 025386